elefante

CONSELHO EDITORIAL
Bianca Oliveira
João Peres
Tadeu Breda

EDIÇÃO
Tadeu Breda

ASSISTÊNCIA DE EDIÇÃO
Luiza Brandino

PREPARAÇÃO
Laura Castanho

REVISÃO
Laura Massunari

CAPA
Túlio Cerquize

DIAGRAMAÇÃO
Victor Prado

DIREÇÃO DE ARTE
Bianca Oliveira

DANNY CAINE

COMO RESISTIR À

AMA ZON

E POR QUÊ

A LUTA POR ECONOMIAS LOCAIS, PROTEÇÃO DE DADOS, TRABALHO JUSTO, LIVRARIAS INDEPENDENTES E UM FUTURO IMPULSIONADO POR PESSOAS

TRADUÇÃO **JOANA DE CONTI**

7 INTRODUÇÃO
Como resistir à Amazon e por quê

17 INTERLÚDIO 1
**Carta de uma pequena
livraria do interior dos
Estados Unidos
a Jeff Bezos**

23 CAPÍTULO 1
A Amazon e a indústria do livro

39 INTERLÚDIO 2
Sobre a Borders

45 CAPÍTULO 2
Os empregos na Amazon

61 INTERLÚDIO 3
**Se a Amazon afeta meu
trabalho na Raven**

67 CAPÍTULO 3
A rede de entregas da Amazon

79 INTERLÚDIO 4
O maior best-seller da Raven

85 CAPÍTULO 4
**A relação da Amazon com
privacidade e vigilância**

101 *INTERLÚDIO 5*
Parcerias com autores

107 *CAPÍTULO 5*
O problema de ser a loja de tudo

119 *INTERLÚDIO 6*
As pequenas empresas e a política

127 *CAPÍTULO 6*
A Amazon e o governo

147 *INTERLÚDIO 7*
Sobre os prazeres

153 *CAPÍTULO 7*
Como resistir à Amazon

167 *CONCLUSÃO*

173 *APÊNDICE*
Para saber mais

179 *AGRADECIMENTOS*

181 *SOBRE O AUTOR*

INTRODUÇÃO

COMO RESISTIR À AMAZON E POR QUÊ

Livros. Cada tarefa que realizo a cada dia de trabalho está relacionada de alguma maneira aos livros. Abro caixas cheias deles. Coloco-os na prateleira. Encomendo-os. Devolvo-os. Entrego-os a clientes que acredito que vão amá-los. Observo-os enquanto ao meu lado livreiros dedicados fazem tudo o que foi listado acima. Todos os dias eu destranco as portas da minha livraria — a Raven Book Store, em Lawrence, Kansas, Estados Unidos — para pregar a importância dos livros ao lado da minha equipe. Cada dia de trabalho é um lembrete de que pode haver um lugar para as livrarias independentes no século XXI. Um lembrete de que os pequenos negócios podem conquistar um espaço para ganhar seu sustento e nortear suas comunidades. Um lembrete de que os livros, e as pessoas que os vendem, são resilientes e amados.

Muitos de nós no mundo das livrarias independentes lutaríamos para defender a ideia do Livro com L maiúsculo. É difícil até mesmo falar a respeito de como nos sentimos sobre O Livro sem soarmos pomposos. Acreditamos que o livro certo pode mudar o mundo. Acreditamos que o livro certo é capaz de despertar empatia no leitor, e que a empatia pode culminar em mudanças positivas. Acreditamos que o livro certo pode alterar para sempre o curso da vida do leitor certo. Tudo isso soa elevado e pretensioso, mas é verdade. Acreditamos nesses objetos e no seu poder, e o nosso trabalho é ajudar os livros certos a chegar às mãos certas.

Desde 1995, observamos como a Amazon se tornou uma ameaça cada vez maior a esse trabalho. Nunca houve uma empresa tão grande, poderosa e abrangente. A Amazon sabotou a capacidade de sobrevivência dos pequenos negócios. A Amazon é uma continuação da história iniciada quando o Walmart e outras megastores começaram sua rápida disseminação. Ela é, de fato, o elo mais recente na cadeia de ameaças aos pequenos varejos. Uma cadeia que vai de shoppings a redes de megastores e gigantes do comércio eletrônico, cada um agindo de sua própria maneira perniciosa para destruir os centros comerciais das cidades.

No entanto, a Amazon é mais perigosa do que o Walmart, porque é muito maior e tem suas garras em muito mais empresas. A Amazon Web Services (AWS) é um sistema de computação em nuvem que fornece a infraestrutura de dados para grande parte da internet, desde servidores do governo dos Estados Unidos à Netflix. É quase impossível que alguém use a internet sem a participação silenciosa da Amazon. Isso por si só significa que essa corporação tem um impacto gigantesco na nossa vida cotidiana. Além disso, seu enorme portfólio de empresas e produtos indica que a Amazon tem um dedo em cada campainha da Ring,[1] cada compra no supermercado Whole Foods, cada audiolivro da Audible, cada avaliação do Goodreads, cada matéria do *Washington Post*, cada sapato da Zappos, cada transmissão da Twitch, além de muitos dos anúncios on-line, *smart speakers*, leitores de livros digitais e programas de TV. A Amazon construiu até mesmo a sua própria rede de entregas: em vez de trabalhar com o serviço nacional de correios, a UPS[2] ou a FedEx, a Amazon

---

1. O autor explica pormenorizadamente como funcionam as campainhas videomonitoradas da Ring no capítulo 4. [N.E.]
2. United Parcel Service, uma das maiores empresas de logística do mundo, com sede em Atlanta, Estados Unidos. [N.E.]

criou do zero a sua própria versão privada desses serviços. E os resultados são perigosos.

Os executivos da Amazon minimizam com frequência o tamanho da empresa. Em um episódio da série documental *Frontline*, Jeff Wilke, CEO da Amazon Commerce Worldwide, afirma: "Somos cerca de 1% das vendas de varejo no mundo".[3] Mas qual a porcentagem das vendas de livros digitais controlada pela Amazon? Qual a porcentagem da hospedagem na nuvem? Da publicidade on-line? Do lobby político? Do comércio de alimentos? Das vendas on-line de calçados? Das vendas on-line de livros? É perigoso que uma empresa tenha participação em tantos setores diferentes do mercado. Por meio da plataforma de marketplace, a Amazon atua ao mesmo tempo como hospedeira de outras empresas *e* como concorrente. Basicamente, a Amazon é árbitro e jogador no mesmo jogo, e esse jogo é o maior mercado de varejo on-line do mundo. O Walmart ainda é uma ameaça para as pequenas empresas estadunidenses, mas ele nunca fez *tanto assim*. Daria até mesmo para dizer que ele agora está tentando alcançar a Amazon. Contudo, atualmente o Walmart é apenas uma das muitas grandes corporações que lutam para se adaptar ao mundo da Amazon a partir do manual de instruções da própria Amazon.

O impacto da megavarejista de Bezos é enorme. É uma das empresas mais valiosas do mundo e devastou todos os setores que tocou. A minha indústria, a indústria dos livros, foi por acaso o primeiro de seus alvos. Todos no mercado de livros sentem o seu poder, e os livreiros o sentem com ainda mais intensidade, pois é possível comprar o mais recente best-seller na Amazon por menos do que o *preço de atacado* que minha livraria paga. Absorva essa informação. Um livro que me custa catorze dólares para co-

---

3. "Amazon Empire: The Rise and Reign of Jeff Bezos", dir. James Jacoby. *In: Frontline* (temporada 2020, episódio 12), 18 fev. 2020. Disponível em: https://www.pbs.org/wgbh/frontline/documentary/amazon-empire/.

locar na prateleira pode estar à venda na Amazon, para *clientes*, por dez dólares. É impressionante: você pode comprar um livro abaixo do custo e tê-lo na porta de casa amanhã, com frete grátis. Esse fato por si só permeia tudo que faço na Raven. E tem mais: o baixo custo dos livros na Amazon serve para diminuir o valor de todos os livros, independentemente de onde são vendidos.

É muito fácil comprar na Amazon, e milhões de pessoas sabem disso. Suas embalagens sorridentes brotam nas portarias e caixas de correio mundo afora. Suas vans sorridentes param em fila dupla nos quarteirões de incontáveis cidades, e seus caminhões sorridentes cruzam inúmeras estradas interestaduais. A enorme rede de entregas necessária para levar essa caixa até você de forma tão rápida e tão barata pode ser uma sobrecarga para o meio ambiente, além de insegura para motoristas e clientes. Os armazéns que alimentam essa rede de entregas têm índices de acidentes muito acima da média da indústria e são altamente suscetíveis a surtos de doenças letais, como a covid-19. As câmeras domésticas da Ring facilitaram demais o fornecimento de gravações a delegacias de polícia. A AWS ganha muito dinheiro, inclusive de organizações violentas como a ICE.[4] A Amazon torna as coisas fáceis, mas não as torna necessariamente corretas.

Alguns podem tentar atribuir a explosão do alcance da Amazon ao brilhantismo comercial de Jeff Bezos. Entretanto, mesmo que Bezos seja a pessoa que teve a ideia certa na hora certa, uma montanha de incentivos fiscais e benefícios governamentais ajudou a Amazon a alcançar o pico que ocupa hoje. Em nenhum outro momento isso foi mais bem demonstrado do que na busca pelo Head Quarter 2 (HQ2), uma competição entre cidades

---

4. Serviço de imigração e fiscalização alfandegária dos Estados Unidos. Em 2018, ganhou projeção ao separar quase três mil crianças de seus pais e colocá-las em campos de detenção semelhantes a prisões, seguindo a política de "tolerância zero" a imigrantes sem documentação, executada pela gestão de Donald Trump. [N.E.]

cujo prêmio era se tornar a segunda sede da Amazon nos Estados Unidos. As cidades se digladiaram, oferecendo à loja as maiores carteiras possíveis de benefícios fiscais e de bem-estar corporativo. Foi uma demonstração de quão longe os governos iriam para subsidiar uma empresa de trilhões de dólares. Em 2018, a Amazon lucrou mais de onze bilhões de dólares e não pagou imposto de renda federal.

Cada decisão tomada pela Amazon provoca ondas sísmicas nas indústrias em que ela tem, para usar a linguagem do Vale do Silício, causado disrupção (*disruption*). Televisores, sapatos, mercearias, tráfego na web, segurança doméstica, comércio eletrônico, livros, e-books, audiolivros — todas elas tiveram que se mexer para se adaptar à força da empresa fundada por Jeff Bezos, o terceiro homem mais rico do mundo. As decisões relacionadas aos livros causam ondas por toda a cadeia de produção editorial, como uma pedra atirada num lago. Ou talvez essa metáfora seja muito generosa. O efeito da Amazon no mundo dos livros é como um vídeo que se vê na aula de química do ensino médio: não um pedregulho atirado num lago, mas um pedaço de sódio puro que explode no instante em que toca a água. A Amazon é responsável por metade de todas as vendas de livros nos Estados Unidos. Livrarias, autores, bibliotecas, editoras, atacadistas, agentes, autores, diagramadores — todos nós sentimos isso. A Amazon domina todos os aspectos dos livros e da publicação. Repetindo: a Amazon, um único vendedor, é responsável por metade de todas as vendas de livros nos Estados Unidos. Isso por si só deveria ser motivo de preocupação. E estamos falando apenas da indústria do livro. Ainda mais preocupante é o efeito dessa corporação sobre as liberdades individuais, a infraestrutura de transporte, os direitos dos trabalhadores e o meio ambiente.

Nós devemos resistir à Amazon.

A gigante de Bezos foi fundada com a intenção de perturbar o comércio de livros. Em vez de uma lojinha tradicional com, digamos, 25 mil livros, a Amazon era, já no início, uma livraria exclusivamente on-line com milhões de títulos. Ao contrário de tantas pessoas que trabalham no mercado editorial, Bezos não fez essa escolha por nutrir uma paixão pela leitura ou pela alfabetização. Segundo o biógrafo Brad Stone, Bezos escolheu os livros porque "eram pura mercadoria; uma cópia de um livro numa loja era idêntica ao mesmo livro exposto em outra". Para além disso: "Ainda mais importante é que havia três milhões de livros impressos em todo o mundo, muito mais do que uma Barnes & Noble ou uma superloja da Borders seriam capazes de estocar".[5] Até o surgimento de Jeff Bezos, a indústria do livro havia sido construída com base na curadoria; a Amazon rompeu com esse modelo simplesmente porque vende de tudo. Desde então, a empresa repetiu o modelo da "loja de tudo" com inúmeras outras indústrias, mas os livros foram o primeiro alvo, e um dos mais duramente atingidos.

Disrupção não equivale automaticamente a progresso. A Amazon coloca o meu negócio — e inúmeros outros iguais ao meu — em risco. O significado de sermos eliminados pela disrupção da Amazon vai muito além de vitrines vazias. Uma pequena empresa serve a comunidade ao seu redor de muitas maneiras, não apenas por meio do varejo. As comunidades estão ameaçadas se as pequenas empresas não puderem mais prosperar em função do alcance da gigante varejista. Mesmo que a Amazon não leve as livrarias à falência, ela diminui a participação delas no mercado, deixando-as com menos recursos para remunerar seus funcionários. Se o maior varejista mundial de livros está trabalhando para desvalorizar os livros, então trabalhar na produção e venda de livros é menos lucrativo. A alegria emocional de vender livros é muitas vezes vista como uma vantagem do tra-

---

5. Brad Stone, *The Everything Store: Jeff Bezos and the Age of Amazon.* Nova York: Little, Brown and Company, 2013, p. 25-6.

balho, mas não se pode comprar comida ou pagar um tratamento médico com alegria.

As pequenas empresas, no geral, e as livrarias independentes, em particular, já sobreviveram a uma concorrência muito maior. A luta contra a Amazon não é a primeira na qual livrarias independentes e pequenas empresas tiveram de enfrentar uma concorrência maior com o intuito de reivindicar seu lugar. Durante os anos de expansão do Walmart, movimentos de consumo local surgiram por todo o país. Eventos como o Small Business Saturday, o Record Store Day e o Independent Bookstore Day[6] têm como objetivo celebrar as pequenas empresas e suas contribuições. A explosão da cerveja artesanal representa uma resistência bem-sucedida das pequenas empresas perante os titãs que dominam a indústria. E a luta entre pequenas empresas e titãs corporativos chegou ao tribunal: no final dos anos 1990, a American Booksellers Association processou a Borders e a Barnes & Noble por métodos de precificação predatórios semelhantes aos praticados hoje pela Amazon.

Minha livraria ainda sente os resquícios da luta entre independentes e megastores: daqui dá para ver o prédio vazio que abrigou, de 1997 a 2011, uma loja da Borders Books & Music, do outro lado da rua. Há um certo consolo em saber que ainda estamos abertos, enquanto a Borders está fechada. Então por que as livrarias não podem simplesmente processar a Amazon da maneira como processamos essas grandes cadeias de varejo em 1998? Dito de forma simples: não podemos nos dar ao luxo de fazê-lo. A Amazon é muito maior e muito mais poderosa do que as grandes cadeias de livrarias jamais foram. Por isso, precisamos encontrar novas maneiras de resistir a seu crescimento e sua influência.

---

6. Respectivamente, o Sábado da Pequena Empresa (marcado para o dia seguinte à Black Friday, em novembro), o Dia da Loja de Discos e o Dia da Livraria Independente (ambos em sábados no mês de abril). [N.E.]

Se lhe for permitido crescer sem controle, é difícil saber exatamente o que a Amazon tentará fazer. Jeff Bezos falou que seu objetivo final é colonizar o espaço. Se sua corporação continuar a intimidar tudo que aparece em seu caminho, ele pode muito bem alcançar esse objetivo. Mas eis o que mais ele conseguirá: a destruição de inúmeras pequenas empresas. O fim da possibilidade de passarmos uma hora passeando tranquilamente numa livraria independente. O fechamento de mercearias e cooperativas. Se a Amazon crescer sem controle, a casa de seu vizinho poderá chamar a polícia automaticamente porque a campainha da porta daquela casa te identificou como suspeito a partir de um banco de dados de reconhecimento facial. Se a Amazon crescer sem controle e seus serviços digitais se apossarem de mais uma parte da espinha dorsal da internet, será que esta única empresa poderia vir a ditar o que é dito ou publicado on-line? Antes de deixarmos a Amazon se tornar tão grande quanto ela gostaria de ser, devemos investigar o que ela representa.

Foi por isso que escrevi este livro — para ajudar as pessoas a investigar o que a Amazon representa. O universo dos livros gosta de falar sobre o efeito da Amazon. Decidi que era hora de levar essa discussão aos nossos clientes, primeiro por meio do perfil da Raven no Twitter, depois por meio de um zine chamado *How to Resist Amazon and Why* [Como resistir à Amazon e por quê], e agora por meio deste livro. É um ponto de partida, um guia para iniciantes de como resistir à gigante de Bezos. Há muito mais a se conhecer e entender a respeito dessa empresa do que está contido nestas páginas, por isso incluí sugestões de leitura para aqueles que desejam se aprofundar. Este livro é destinado àqueles que estão começando a se inquietar com relação à Amazon. Espero que ele possa servir de guia para se desligar dessa empresa perigosa, além de ser também um breve resumo de motivos convincentes para fazê-lo.

Metade dos capítulos de *Como resistir à Amazon e por quê* constroem um argumento contrário a essa empresa, calcado em temas centrais como meio ambiente, empregos ou distribuição. Intercalados entre esses capítulos de hipóteses contra a Amazon, há interlúdios narrativos do ponto de vista de minha pequena empresa. Esses interlúdios, espero, são demonstrações silenciosas do poder e do potencial de lugares como a Raven Book Store. Seu intuito é fortalecer e defender negócios independentes, mas também demonstrar um pouco do que está em jogo se a Amazon dificultar o crescimento de todos nós. Finalmente, o último capítulo delineia passos concretos que você pode dar para resistir à megavarejista.

Apesar do título, esses assuntos tratam de mais do que uma única empresa. Enquadrei este livro em torno da Amazon porque ela é a mais poderosa, eficaz e implacável praticante de um novo tipo de comércio, mas muitas outras estão tentando aprender com seu manual. Esse novo comércio é mais do que uma empresa que vende muitos livros — é uma reavaliação fundamental de como encaramos os termos de privacidade. De como entendemos o papel de uma empresa na sociedade. Dos limites do poder de uma única empresa. Do meio ambiente. Em alguns aspectos, do que significa ser humano. O pensamento da Amazon representa uma mudança de estilo de vida, e, se você me perguntar, direi que é uma mudança contra a qual vale a pena resistir. Acredito profundamente na ideia de que ser humano significa mais do que ser uma fonte de dados com a qual as empresas podem te vender coisas. Ser humano é algo que não pode ser medido em cliques, dados ou dinheiro. Na minha opinião, devemos resistir às empresas que querem derrubar essas formas de ser humano.

INTERLÚDIO I

CARTA DE UMA PEQUENA LIVRARIA DO INTERIOR DOS ESTADOS UNIDOS A JEFF BEZOS

Jeff Bezos

CEO e Presidente

Amazon

Seattle, WA

22 de outubro de 2019

Prezado Jeff:

Na quarta-feira passada, um cliente comprou uma pilha de livros em nossa loja. Logo antes de sair, ele me perguntou: "Que partes do seu negócio são afetadas pela Amazon?". "Todas as partes", desabafei. Eu nunca havia falado nesses termos antes, mas é a verdade. Sei que não sou o único a dizê-lo, e que essa situação não se limita às livrarias. Seu negócio tem um impacto injusto em todas as pequenas empresas de varejo. Estou te escrevendo para tentar ilustrar quantas pessoas ele afeta de forma negativa.

Vamos começar pelos livros, porque é aí que nós dois nos sobrepomos, e os livros são o meu ganha-pão. Corrija-me se eu estiver errado, mas me parece que o seu negócio funciona assim: vender livros com prejuízo para fisgar as pessoas com as assinaturas Prime, com Kindles, Alexas e outros produtos cujas margens de lucro são mais altas. Embora essa estratégia tenha funcionado muito bem para você, ela bagunçou completamente todo o ramo do livro, reduzindo as já baixas margens de lucro do setor. Ainda mais desanimador para nós é que o seu comércio de livros desvalorizou o próprio livro. As pessoas esperam que livros de capa dura custem quinze dólares e que as brochuras custem menos de dez. Essas margens são um pesadelo para nosso lucro, claro, mas também barateiam a ideia do Livro com L maiúsculo. Muito já vem acontecendo para baratear a ideia da verdade, da pesquisa e da narração cuidadosa de histórias. Ficamos consternados ao ver o maior revendedor de livros do mundo reproduzir essa mudança cultural assustadora ao desvalorizar os livros.

Não se trata apenas de concorrência comercial para nós. Quem nos dera que fosse! Gostamos da concorrência comercial, achamos saudável. Mas a forma como você estruturou as coisas torna impossível competir contigo. Muitas vezes o mundo da tecnologia e do comércio eletrônico se gaba de causar "disrupção" no velho modo de fazer as coisas, trazendo truques novos, mais enxutos e eficientes. Mas nós nos recusamos a ser vistos como uma forma antiga e excêntrica de fazer as coisas, e não estamos prontos para a disrupção. Não somos relíquias. Somos motores comunitários. Criamos códigos de programação livre. Doamos vales--presentes a leilões silenciosos de caridade. Fazemos parcerias com bibliotecas e organizações artísticas. Tudo isso pode parecer pequeno para alguém que pretende colonizar o espaço sideral, mas, para nós e para nossa comunidade, é enorme. Nossos livreiros são agricultores, autores, ativistas, artistas, membros de conselhos, representantes da prefeitura. Para muitos lugares, a perda de uma livraria independente significa a perda de uma força comunitária. Se o seu experimento de varejo nos sufocar até a extinção, você não estará ameaçando o velho jeito excêntrico de fazer as coisas. Você estará ameaçando comunidades.

Quando eu lecionava inglês para o ensino médio, tivemos uma série de aulas sobre cartas comerciais. Parte do que ensinei tinha o intuito de garantir que cada carta comercial tivesse uma solicitação clara, para que não fosse uma perda de tempo ou de papel. Então, o que pedir a você? Alguns dos meus colegas querem quebrar a sua empresa. Alguns querem nacionalizá-la. Alguns querem que ela seja varrida da face da Terra. Entendo os motivos que geram todas essas vontades, mas não acho que seja isso o que quero hoje. Eu poderia pedir que você parasse de lucrar com a violência da ICE, que parasse de permitir mercadorias falsificadas, parasse de promover um sistema de entrega que causa lesões e mortes, parasse de gentrificar as nossas cidades, parasse de contribuir para o Estado policial com suas campainhas com câmera, parasse de levar os funcionários de seus armazéns à lesão e à exaustão, entre tantas outras coisas. Talvez eu possa apenas perguntar por que esse caos e violência são, aparentemente, tão essenciais à sua estratégia.

Ou talvez eu possa sugerir um nivelamento das regras do jogo. Os proprietários de pequenas empresas são levados a acreditar que, se a ideia deles for boa o suficiente, eles podem expandir seus negócios e criar mais empregos. No entanto, sua empresa, a Amazon, é tão grande, tão subversiva, tão dominante que alterou gravemente a nossa capacidade de fazê-lo. Penso que grande parte desse nivelamento das regras do jogo significaria uma precificação justa de sua parte. Do nosso lado, tentaríamos nivelar as coisas sendo muito bons no que fazemos, e bem barulhentos. Já começamos a usar nossas capacidades para dizer às pessoas o que está em jogo à medida que sua empresa cresce em influência e participação no mercado. Acho que está começando a funcionar. Tenho a impressão de que estamos vendo rachaduras na armadura da Amazon. Sempre que divulgamos essas coisas, parece que ecoam em nosso público. Talvez um dia você ouça o que temos a dizer. Talvez possamos falar a respeito entre uma torta com café no Ladybird Diner do outro lado da rua, por minha conta. Eu adoraria mostrar a você uma comunidade vibrante ancorada por pequenas empresas aqui no Kansas, aqui na Terra. Talvez isso o ajude a perceber que algumas coisas não precisam de disrupção.

Cordialmente,

Danny Caine
proprietário da Raven Book Store
Lawrence, KS

CAPÍTULO I

A AMAZON
E A INDÚSTRIA
DO LIVRO

Estamos em fevereiro de 2019 e agora mesmo, enquanto escrevo, o best-seller *Um lugar bem longe daqui* está à venda na Amazon por 9,59 dólares. Se eu encomendasse esse livro diretamente da editora para as prateleiras da Raven, teria de pagar 14,04 dólares por exemplar. A Amazon está vendendo esse livro por quase 5 dólares a menos do que o meu preço de custo. Ou seja, se eu quisesse vender esse livro pelo preço da Amazon, eu poderia simplesmente entregar ao cliente uma nota de 5 dólares do meu caixa. Minha livraria vende *Um lugar bem longe daqui* como vende qualquer outro livro: pelo preço impresso na capa. O preço está bem ali: 26 dólares. Como os clientes se sentem quando me veem tentando vender um livro incrivelmente popular por 16,41 dólares a mais do que o preço oferecido na internet? Os descontos dramáticos dados pela Amazon são apenas uma das formas de causar estragos na indústria do livro. Desde sua fundação, em 1995, a Amazon tem moldado cada vez mais essa indústria à sua vontade. A empresa tem afetado a forma como os livros são projetados, distribuídos, impressos e vendidos, e seus esforços nesse sentido têm desvalorizado o Livro com L maiúsculo. Sua influência no mercado editorial é tão grande que afeta até mesmo as menores decisões tomadas nas menores livrarias.

Como dono de uma pequena livraria independente, sinto o impacto da Amazon todos os dias. Concorrência empresarial é uma coisa, mas é difícil entender como concorrência justa a forma como a Amazon paira sobre todos os aspectos do nosso negócio. A maioria dos livros vem com o preço impresso na capa; nossa estreita margem de lucro (geralmente cerca de 40% do custo de cada livro) é calculada de acordo com o preço impresso do livro. Esses 40% são inferiores à margem de muitos outros produtos de varejo, que normalmente é de 50% ou mais. Às vezes essa margem mais alta se apoia na possibilidade do lojista de aumentar o preço de um item para atender melhor às projeções de vendas. É por esse motivo que as livrarias gostam de vender cartões de aniversário: neles, você pode definir sua própria margem para que sejam tecnicamente mais rentáveis do que os livros. Mas uma livraria não pode aumentar o preço de um livro sem encarar os clientes apontando para o preço indicado na capa. Baixar o preço de um livro cortaria uma margem que já está abaixo da média. Estamos basicamente presos ao preço definido pela editora. Em alguns países, existem até leis que impedem grandes descontos sobre o preço de capa dos livros. Mas, nos Estados Unidos, as livrarias independentes e pequenas empresas não têm proteção contra a ameaça das práticas de preço da Amazon.

Antes de ser acusado de elitista ou de alguém que tenta impedir que pessoas com poucos recursos tenham acesso a livros, deixe-me dizer que sou um firme defensor de sebos e bibliotecas públicas. Ambos são maneiras melhores de obter livros baratos do que comprar livros novos a preço reduzido na Amazon.

A Amazon pode e pratica reduções drásticas no preço dos livros, ignorando o preço definido pela editora. Ela pode fazer isso porque não precisa ganhar dinheiro com livros, muito menos com os best-sellers. Ela pode oferecer *Um lugar bem longe daqui* como um produto que gera prejuízo devido à impressionante variedade de fluxos de receita rentáveis em seu portfólio. Grande parte de sua receita nem sequer vem do varejo: sua empresa de servidores, a AWS, é a espinha dorsal de grande parte do conteúdo e da publicidade que aparece na internet. A espinha dorsal da internet tem uma margem de lucro muito maior do que os produtos de varejo, de modo que a Amazon pode contar com os lucros da AWS para deixar seu braço de varejo causar "disrupção". "Disrupção", traduzido do vale-do-siliciês, significa "estrago irreparável". Uma livraria independente não conta com um serviço de web hosting extremamente rentável em seu portfólio. Se não ganhamos dinheiro vendendo livros, não ganhamos dinheiro. Ponto. Livros são de 80% a 90% do que vendemos. Abrimos livrarias porque amamos os livros, e a nossa capacidade de levar isso adiante está ameaçada pelo experimento de uma grande empresa de tecnologia em causar disrupção, em bagunçar a nossa indústria. O propósito da pequena empresa é encontrar um nicho de mercado fazendo algo pelo qual você é apaixonado. Se esse nicho atender a algum tipo de demanda ou servir algum tipo de comunidade, é possível ganhar a vida com um pequeno empreendimento que você construiu. O evidente uso que a Amazon faz de outros fluxos de receita para proporcionar preços de varejo abaixo dos custos está ameaçando a premissa das pequenas empresas.

Isso está dentro da lei? Bem, sim e não. Se o objetivo do jogo da Amazon for baixar os preços para eliminar a concorrência, e depois aumentar os preços uma vez que eles tenham afunilado o mercado, então não. Isso se chama precificação predatória, e é ilegal segundo as leis antitruste dos Estados Unidos. Mas o ônus da prova é muito alto para os casos de precificação predatória, e poucos — se é que já houve algum — foram comprovados em tribunal. Além disso, como discutirei mais à frente, as leis antitruste dos Estados Unidos nos últimos quarenta anos estiveram obcecadas em manter os preços baixos. Se as ações de uma empresa, não importa quão predatórias, mantêm os preços baixos para os clientes, é altamente improvável que o governo intervenha.

Já que estamos falando de preços de livros, vamos nos aprofundar um pouco mais. Tomando este livro que você está lendo como exemplo, é assim que preços e lucro geralmente funcionam: nos Estados Unidos, o preço de capa deste livro é de 16,95 dólares. Quando a Microcosm Publishing o vende diretamente a uma livraria, a Microcosm recebe algo como 54% desses 16,95 dólares, ou cerca de 9,15 dólares. Quando um dos exemplares é vendido, a livraria guarda os outros 7,80 dólares e os usa para pagar suas contas, funcionários, e talvez até mesmo para tirar alguns centavos de lucro. Geralmente, 15% dos 9,15 dólares da Microcosm vão para mim, o autor. Então, se você comprou este livro a preço cheio, obrigado pela sua contribuição de 2,54 dólares para as economias do autor Danny Caine. Já sem a minha fatia, a Microcosm recebe 6,61 dólares para imprimir e comercializar o livro, além de pagar funcionários e contas. Como este é um livro de uma editora independente, ao comprá-lo você está contribuindo para a economia local de Portland ao ajudar a Microcosm, uma pequena empresa, a fornecer empregos e movimentação econômica. Se você comprou de uma livraria local, haverá o mesmo efeito em qualquer economia para a qual essa livraria estiver contribuindo. Você também contribuiu com uma pequena parte para quem imprimiu o livro e para as pessoas que o levaram do estoque da Microcosm à livraria. Seus 16,95 dólares foram distribuídos entre muitas empresas, pessoas e economias locais. Essa divisão da torta editorial, assim como grande parte do mundo dos livros, é o que a Amazon se esforça para bagunçar.

Digamos que um cliente queira o novo romance policial do escritor de best-sellers Dean Koontz. Ele poderia comprá-lo na Amazon. Poderia comprá-lo da livraria que fica dentro da Columbus Circle, em Nova York. Poderia baixá-lo no seu Kindle. Poderia baixá-lo da Audible. Se gostar do livro, ele poderia publicar um post a respeito no Goodreads. Todas essas são formas perfeitamente normais de interagir com um livro. E, nesse caso em particular, também todas essas são maneiras de dar dinheiro a um dos homens mais ricos do mundo.

Cada uma dessas maneiras de se relacionar com um novo livro de Koontz beneficia a Amazon. Mas isso nem chega a ser surpreendente. Só que, no caso de Dean Koontz, há algo mais: ele também assinou um contrato para que um selo editorial da Amazon agora publique seus livros. Não importa como um cliente compra um novo livro de Dean Koontz: mesmo que ele escolha comprar de uma livraria independente, o dinheiro vai para a Amazon. Qualquer novo livro de Dean Koontz é editado, impresso, publicado, comercializado e vendido por uma única empresa. Ele parece saber disso, pois foi citado no *Wall Street Journal*, dizendo: "Tivemos sete ou oito ofertas, mas a Amazon ofereceu o plano de marketing mais completo, e esse foi o fator decisivo".[7] O plano é completo porque a Amazon pode fazer tudo o que precisa ser feito pelo livro. Um único livro, uma única empresa em cada etapa. Tradicionalmente, uma editora, uma livraria, um atacadista e uma transportadora são quatro entidades diferentes que têm uma fatia na venda de um livro. São quatro empresas diferentes que podem ganhar dinheiro com um único título. Mais fatias

---

7. Alex Shephard, "Can Amazon Finally Crack the Best-Seller Code?", *The New Republic*, 16 jan. 2020.

da torta. Mas, com os acordos exclusivos da Amazon, como o que foi feito com Koontz, a torta nem chega a ser fatiada. Koontz recebe sua porcentagem de royalties e a Amazon fica com todo o resto da torta. Até mesmo o transporte do livro pode acontecer inteiramente em caminhões e aviões controlados pela Amazon. Lembra daquela história em que várias pequenas empresas e economias locais recebiam uma parte do preço do livro? Já era. Depois de dar a Dean Koontz uma pequena fatia, a Amazon come o resto. E certamente ela adoraria fazer isso com mais autores. A Amazon não gosta de dividir tortas.

Além da menor quantidade de fatias dessa torta financeira, o controle de todos os aspectos do ciclo de vida de um livro por uma única empresa também pode representar um perigo teórico: a consolidação do poder e da influência, especialmente no que diz respeito aos livros, raramente leva a mais liberdade de expressão. Se uma única empresa tem controle sobre cada etapa de publicação e venda de um livro, é natural que essa única empresa molde qualquer aspecto desse livro para se adequar aos seus propósitos. Da mesma forma que um governo totalitário silencia vozes dissidentes, uma indústria editorial totalitária silenciará qualquer voz que não sirva aos seus algoritmos. Uma troca livre e sadia de diferentes perspectivas e vozes não pode prosperar se uma empresa com tendências totalitárias vigiar cada etapa da produção, edição e distribuição de cada livro.

Tudo isso — desde os preços potencialmente predatórios da Amazon até a consolidação dos seus livros — coloca uma tremenda pressão sobre as livrarias independentes. As pessoas muitas vezes recuam quando dizemos a elas o preço de um livro. Algumas até nos dizem o quanto é mais barato na Amazon. Outra coisa que ouvimos o tempo todo: que um cliente *jura* ter visto na internet uma versão em brochura de um livro que só está disponível em capa dura. É assim que funciona o ciclo das edições em brochura e capa dura nas empresas que jogam conforme as regras: nos Estados Unidos, as editoras lançam versões mais baratas em brochura dos livros apenas quando as versões mais caras, em capa dura, pararam de vender. Quando um livro como *Um lugar bem longe daqui* se torna um grande sucesso em capa dura, o editor não precisa publicar uma versão mais barata, pois a capa dura ainda está gerando dinheiro. É frustrante para os clientes, claro. Ainda assim, a grande maioria das brochuras aparece menos de um ano após as versões de capa dura terem sido lançadas. Mas alguns best-sellers são complicados porque podem seguir vendendo por dois ou três anos, ou até mesmo para sempre, na versão mais cara.

Muitas vezes, edições em brochura dos livros aparecem antes na Europa e vão parar nos marketplaces da Amazon nos Estados Unidos. Antes dos lançamentos em capa dura, as editoras também distribuem edições de cortesia, em brochura, para livreiros, jornalistas e influenciadores, para criar um burburinho. Parte dos acordos que firmamos com as editoras é uma promessa de não vender brochuras europeias nem exemplares de cortesia aos nossos clientes. Se descumpríssemos esse acordo, sofreríamos alguma penalidade dos nossos fornecedores. Mas o negócio é o seguinte: ainda surgem com bastante frequência aqueles clientes que dizem "Eu juro que vi a versão em brochura on-line". E eles de fato viram. A Amazon torna excessivamente fácil que terceiros vendam brochuras europeias ou cópias antecipadas de livros que ainda estão disponíveis apenas em capa dura nas livrarias de quem segue as regras. "Por que não quebrar as regras e vender as cópias antecipadas?", você diz. Bem, isso pode nos levar a perder nossos contratos com as editoras, e, se não recebermos os livros diretamente delas, ganhamos menos dinheiro. Para que as livrarias sejam bem-sucedidas, precisam trabalhar em conjunto com as editoras. Além disso, uma pequena livraria não tem poder suficiente para sair ilesa de uma briga com uma editora. A Amazon, por outro lado, tem todo o poder do mundo: nos Estados Unidos, ela representa 50% das vendas totais de livros e 75% das vendas de livros on-line. Que editor estaria tranquilo em perder metade de suas vendas por causa de uma discussão sobre brochuras europeias e cópias antecipadas? Então, em última análise, a impressão que a Amazon dá aos nossos clientes é de que pode oferecer algo que nós não podemos.

Um caso semelhante — a perspectiva falsa de que a Amazon pode vender um produto que não podemos — ocorreu no período que antecedeu o lançamento de *Os testamentos*, de Margaret Atwood. Foi um livro extremamente aguardado, a tão comentada sequência de *O conto da aia*. Para lançamentos tão cobiçados como esse, as livrarias têm de assinar uma declaração juramentada antes mesmo de poderem encomendar suas cópias, prometendo não colocar o livro à venda antes da data de lançamento. Para esse livro, o termo que assinamos foi particularmente rigoroso: "Você deve garantir que o livro seja armazenado em área monitorada, protegida e trancada, fora do andar de vendas, até a data do lançamento". O que acontece se quebrarmos o acordo? Segundo o documento:

Qualquer loja que viole as restrições contidas nesta declaração estará sujeita ao seguinte: (i) será responsável por todo e qualquer dano incorrido como resultado de tais violações; (ii) a Penguin Random House (PRH) poderá restringir a loja do fornecimento, no todo ou em parte, de *Os testamentos*, de Margaret Atwood. Além disso, reconhecemos e concordamos que tal violação pode causar danos irreparáveis à PRH e ao autor; que os danos monetários podem ser inadequados para compensar as violações; e que, além de quaisquer outros recursos que possam estar disponíveis em lei, em equidade ou não, a PRH e/ou o autor poderão obter medida cautelar, sem necessidade de comprovação dos danos reais ou da prestação de qualquer caução.

Então, se violarmos o termo assinado, um juridiquês assustador esperará por nós. Na prática, se formos pegos vendendo um livro antes da data de lançamento, enfrentaremos consequências como remessas atrasadas de outros grandes livros, o que nos faria perder vendas cruciais na primeira semana. Poderemos até perder nossa parceria com aquela editora, ou, de acordo com a declaração juramentada, ter de ressarcir os danos reais causados. Essas consequências são assustadoras, mas não é difícil para nós simplesmente não colocar o livro à venda antes da data de lançamento. Assumimos esse compromisso o tempo todo. Todo mundo também assume. Mas daquela vez as coisas seriam diferentes.

A primeira vez que ouvimos falar disso foi num post curto num grupo fechado de livrarias independentes no Facebook, numa terça-feira, 3 de setembro de 2019. Uma nova dona de livraria havia encomendado *Os testamentos* numa pré-venda na Amazon. Isso aconteceu antes mesmo de ela ter uma livraria, antes de ela ser doutrinada no rancor que todos nós da indústria do livro mantemos contra essa empresa que às vezes chamamos simplesmente de "A". Mas o que nos chateou não foi o fato de ela ter encomendado os livros na megaempresa de Bezos. O que nos chateou foi o fato de que ela o fez na terça-feira, 3 de setembro, uma semana antes da data de lançamento. Essa foi uma péssima notícia. Fui dormir naquela noite esperando que fosse apenas um incidente isolado. Não foi.

Acontece que aquela compra era o sintoma de um problema muito maior. Ainda não se sabe quantas cópias de *Os testamentos* foram enviadas antes da data, mas foram muitas. Embora não tenha declarado a fonte da informação, o jornal *The Guardian* acredita que oitocentas cópias tenham vazado. Leitores fizeram posts entusiasmados nas redes sociais falando de suas cópias antecipadas. As livrarias independentes começaram a fazer barulho, e por uma boa razão. O envio antecipado de livros pela Amazon foi ruim em muitos aspectos: em primeiro lugar, quebrou as regras. Todo varejista que queria vender *Os testamentos* teve de assinar aquela declaração bastante rigorosa, jurando manter os livros literalmente encarcerados até 10 de setembro de 2019. Em segundo lugar, o lançamento antecipado deu às agências de notícias permissão para publicar resenhas e trechos da obra, acabando com a aura de segredo e mistério acerca do que acontece no livro. Em terceiro lugar, deixou a impressão de que as pessoas podem obter um livro mais rápido se encomendarem na Amazon em vez de comprar na livraria independente, mais lenta e cara. Nós já lutávamos constantemente para convencer as pessoas a gastar mais em livros. Agora, parecia que teríamos de lutar também para fazer as pessoas esperarem mais tempo para obter esses livros.

Tudo que ouvimos da editora de Atwood foram variações de respostas vagas sobre o fato de que estavam tratando do assunto. O livro vendeu bem na Raven, mas não foi, como esperávamos, o maior lançamento da temporada de outono. E não posso deixar de me perguntar se o lançamento bagunçado esvaziou o entusiasmo sobre o livro. Independentemente disso, *Os testamentos* sempre me lembrará de uma época em que a Amazon se safou de algo pelo qual seus concorrentes menores teriam sido punidos com severidade.

E essa é a questão: a Amazon é grande demais para ser punida. Na luta entre uma grande editora e a Amazon, todo o poder vai para a Amazon porque as grandes editoras precisam dela. Como qualquer indústria, o mercado editorial é dominado por grandes empresas. Metade das vendas de livros nos Estados Unidos acontece na Amazon, e as cinco principais editoras (Penguin Random House, HarperCollins, Simon & Schuster, Hachette e Macmillan) são responsáveis, segundo algumas estimativas, por 80% das vendas de livros. Uma briga entre uma editora das Big Five e a empresa de Bezos certamente enviaria ondas sísmicas para toda a indústria, mas ter a metade das vendas totais de livros concede à Amazon toda a vantagem. Em 2014, a megavarejista entrou numa disputa motivada por e-books com a Hachette. Ambas as empresas queriam ter a palavra final sobre os preços dos e-books da Hachette. O esforço da Amazon em mostrar seu poder a qualquer custo interessa mais que os detalhes da briga: ela atrasou as entregas de todos os livros da Hachette e ocultou a pré--venda de seus livros, o que certamente afundou as vendas da editora.[8] Mais de trezentos autores escreveram uma carta exortando "a Amazon, nos termos mais contundentes possíveis, a parar de prejudicar a subsistência dos autores sobre os quais ela construiu seu negócio".[9] Na resolução da disputa, a corporação de Bezos acabou concedendo à Hachette o direito de definir os preços dos e-books, mas o estrago estava feito. A Amazon mostrou, com sucesso, seu enorme poder de esgarçar o mercado editorial como um todo. Para a maioria das editoras, é impossível se afastar de um fornecedor que responde por metade das vendas de livros nos Estados Unidos. Muitas editoras sentem isso: ambivalência (ou ódio) em relação à Amazon, junto com uma aceitação relutante de que não se pode perder as vendas que ela oferece. Para mim, isso é

8. Carolyn Kellogg, "Amazon and Hachette: The Dispute in 13 Easy Steps", *Los Angeles Times*, 3 jun. 2014.

9. Judith Rosen, "Authors Pen Open Letter to Amazon about Hachette Dispute", *PublishersWeekly.com*, 3 jul. 2014.

sinal de que uma empresa já ficou grande demais, a ponto de manter uma indústria inteira presa em suas mãos.

Essas histórias dizem respeito apenas à grande indústria livreira. Aparentemente, todos os dias as livrarias independentes são lembradas do enorme poder da Amazon. Durante o julgamento do impeachment de Donald Trump no Senado, surgiram notícias de que o ex-assessor de segurança nacional John Bolton não só havia escrito um livro, mas que ele continha revelações bombásticas sobre o caso da Ucrânia.[10] Naquele momento, as únicas coisas que as livrarias independentes tinham ouvido a respeito do livro de Bolton eram boatos de uma grande negociação. Mas, tão logo o *New York Times* publicou uma reportagem, uma página de pré-venda apareceu na Amazon. Quando tudo o que sabíamos eram rumores nebulosos, a editora de Bolton já havia dado à Amazon um título, capa, ISBN e sinopse: tudo de que ela precisava para começar a ganhar dinheiro. Num circuito vertiginoso de informações, repleto de notícias bombásticas, as primeiras 24 horas após qualquer revelação são absolutamente cruciais para se ganhar dinheiro com tais livros. A ravenbookstore.com puxa automaticamente dados da Ingram, a maior atacadista do setor. O fato de a Amazon ter esses dados antes mesmo da Ingram tê-los enviado automaticamente para o meu site (ou qualquer outro site de livrarias independentes) significa que ela teve prioridade no conhecimento da existência desse livro. Embora eu pudesse ter pegado os dados da Amazon, adicioná-los ao meu

---

10. O autor se refere às memórias de Bolton, publicadas em junho de 2020 com o título *The Room Where it Happened: A White House Memoir*. O *New York Times* obteve o original vazado cinco meses antes, em janeiro de 2020. No livro, Bolton acusava Trump de congelar 391 milhões de dólares em auxílios à Ucrânia até que as autoridades ucranianas ajudassem a investigar membros do Partido Democrata, em especial Joe Biden — então ex-vice-presidente dos Estados Unidos — e seu filho Hunter, que havia trabalhado numa empresa de energia ucraniana. [N.E.]

site teria sido um processo manual trabalhoso, e cada minuto conta no circuito das notícias bombásticas. As informações finalmente chegaram à Ingram três dias após serem divulgadas pela Amazon. Não recebemos nenhum pedido nessa pré-venda. Porém, não é apenas nas pré-vendas que a empresa de Bezos está causando "disrupção"; ela está de olho em coisas tão universais quanto a aparência dos livros.

A Amazon, e sua enorme fatia do mercado, está mudando até mesmo a forma como os livros são diagramados. De acordo com o *Vulture*, portal de cultura ligado à revista *New York*, "num momento em que metade de todas as compras de livros nos Estados Unidos é feita na Amazon — e muitas delas pelo celular —, a primeira função de uma capa de livro, depois de indicar o conteúdo interno, é ter ótima aparência em miniatura". Se você notou recentemente que há um monte de romances com títulos em negrito formando um bloco sobre fundos estampados vibrantes, é porque essas capas ficam boas numa tela de computador. "Se os livros passam por eras de design, estamos na era das estampas impactantes e dos títulos inchados. E podemos agradecer à internet."[11] A Amazon tem noção do poder de uma boa capa que se adeque ao site, e faz uso desse conhecimento com grande sucesso. A revista *Publishers Weekly* analisou os resultados de um estudo do Codex Group, que mensurou de que maneira as capas de livros estimulavam os leitores a examinar seu conteúdo. Mais de cinquenta capas foram mostradas a mais de quatro mil consumidores ao lado de um botão "Leia mais". Um clique no "Leia mais" contava como uma folheada. Oito dos dez livros mais clicados eram títulos publicados pela Amazon, com capas projetadas

---

11. Margot Boyer-Dry, "Welcome to the Bold and Blocky Instagram Era of Book Covers", *Vulture*, 31 jan. 2019.

pela Amazon.[12] Eles sabem o que estão fazendo ao remodelar o visual dos livros.

A decisão mais insignificante dessa empresa é o suficiente para gerar pânico em todos no mercado editorial. De acordo com um editorial da revista *n+1*, "a Amazon continua capaz de revirar e sabotar a indústria e suas práticas com pouco mais de um empurrãozinho no algoritmo".[13] Exemplos disso são abundantes, mas aqui vai um: no início do crucial quarto trimestre de 2019, a Amazon começou, de repente, a fazer pedidos muito menores que os do ano anterior para o mesmo mês.[14] A empresa alegou estar com problemas de recursos. Uma editora independente disse que, se as encomendas da Amazon não chegassem ao mesmo nível do que vinha sendo o padrão de pedidos dos anos anteriores num prazo de duas semanas, "nós poderíamos perder toda a temporada de férias". Para quem trabalha com varejo, a temporada de férias é quando os lucros acontecem, se de fato acontecerem. Perder a temporada de férias significa aumentar as dívidas, demitir funcionários e fazer ajustes difíceis no planejamento de todo o ano seguinte. Eis uma empresa independente com receio de perder a época mais importante do ano simplesmente com base numa decisão tomada por um único varejista. Esse pânico ecoou em muitos negócios similares. O problema entre a Amazon e o mercado editorial é o problema de a Amazon ter se tornado grande demais, e seu crescimento não parecer desacelerar.

Em última análise, a Amazon interfere e subverte praticamente todos os aspectos da indústria do livro. Conceitos tradicionalmente aceitos, como precificação, design e pra-

---

12. Jim Milliot, "Judging a Book by Its Title", *PublishersWeekly.com*, 7 fev. 2020.

13. "Smorgasbords Don't Have Bottoms", *n+1*, n. 36, 26 fev. 2020.

14. Jim Milliot, "Amazon Reducing Orders to Publishers", *PublishersWeekly.com*, 11 nov. 2019.

zos de entrega, têm menos credibilidade devido ao domínio e às ambições da Amazon. Embora a indústria do livro esteja longe de ser perfeita, as diretrizes a respeito de datas de lançamento e preços favorecem a concorrência e a inovação num mercado de margem baixa, e o desaparecimento dessas convenções põe em risco as pequenas empresas e livrarias independentes. Mas a Amazon convive bem com o risco, especialmente se voltarmos nossa atenção ao que ela espera dos trabalhadores que tornam possível tanta "disrupção".

INTERLÚDIO 2

SOBRE A BORDERS

A Amazon não é a primeira concorrente esmagadora de preços a ser enfrentada pela Raven. Em novembro de 1997, a Borders Books & Music abriu uma loja do outro lado da rua onde fica minha livraria. Em alguma edição de setembro de 1997, o *Lawrence Journal-World* publicou o seguinte:

> A chegada da livraria Borders ao Winter Block, na esquina da Raven entre as ruas Seventh e Eighth na New Hampshire Street, é uma preocupação para os dois donos de livrarias. "Temos muitos clientes frequentes que passamos a conhecer muito bem", disse Kehde [a proprietária original da Raven]. "Esperamos que nossa reputação, que prima pelo atendimento personalizado e oferece uma equipe única e experiente, continue a fazê-los voltar à nossa loja".[15]

15. Esta citação é de um recorte que encontrei em uma das duas caixas de parafernálias da Raven que a proprietária original, Pat Kehde, doou para a Sociedade Histórica do Kansas, para desgosto de outra proprietária da livraria, Mary Lou Wright. Mary Lou nos lembra com frequência, quando vai à loja comprar livros só com moedas, que não aprovou a doação de Pat. Não posso precisar a data porque a matéria foi recortada da página, ou seja, a parte do cabeçalho não está disponível. Mas sei que a citação aparece em uma matéria sobre a festa de dez anos da Raven, que teria acontecido em setembro de 1997.

Em outubro de 1997, o *Topeka Capital-Journal* publicou:

> Kehde acredita que o foco de sua loja no atendimento pessoal e no conhecimento dos livros ajudará a separar a Raven das franquias, mesmo sabendo que nem sempre poderá competir quando se trata de preço, por causa dos descontos maiores oferecidos às grandes lojas por editoras e distribuidores. Mas Kehde espera que o preço não seja a única coisa com a qual os clientes se importem. Ela espera que a qualidade da curadoria, a relação pessoal com quem vende o livro e a interação direta com os clientes também sejam importantes — e acredita que isso fará com que a Raven sobreviva.[16]

É o que também argumentamos hoje em relação à Amazon: o que oferecemos aos clientes é mais autêntico, mais pessoal, mais humano do que o que é oferecido por essa concorrente muito maior e com preços muito mais baratos.

Na manchete, o *Topeka Capital-Journal* escreve: "Pequenas livrarias lutam enquanto gigantes reescrevem a indústria". Soa familiar?

Segue um trecho dessa reportagem: "Como uma livraria independente, a Raven Book Store, no centro de Lawrence, é uma sobrevivente, e a coproprietária Pat Kehde espera que ela possa continuar a sobreviver. Mas o prognóstico não é favorável". Mais adiante, na mesma matéria, Pat afirma: "É uma pena... Uma loja tão grande inevitavelmente vai nos prejudicar".

---

16. Aqui também a data foi cortada, mas trata-se de uma matéria anterior a novembro de 1997, quando a Borders foi inaugurada em Lawrence.

As vendas líquidas da Raven em 1998 foram 15% inferiores às de 1997, e continuaram a cair ao longo dos anos seguintes. Estamos melhores agora, mas, ajustando a inflação, os números de 1997 foram 18% superiores até mesmo aos de 2019. Talvez nunca mais vejamos os níveis de vendas de 1997.

No dia da grande inauguração da Borders, a Raven ficou lotada com seus clientes mais fiéis. Enquanto balões acenavam do lado de fora da Borders, a Raven batia seu recorde de vendas diárias.

Pat Kehde, novamente no *Topeka Capital-Journal*, em outubro de 1997: "Acho que os cidadãos de Lawrence, e de todos os outros lugares, precisam ter a oportunidade de fazer compras em empresas locais e livrarias independentes, lugares onde as decisões não são todas tomadas em Nova York, ou Ann Arbor, ou Dallas, ou Amsterdã".

Durante a Era Borders, nossos clientes desenvolveram a tradição de andar no enorme inventário daquela livraria e então encomendar o livro que queriam na Raven. É exatamente o inverso do que chamamos de *showrooming* hoje: o ato de passear por uma livraria física só para comprar mais barato na Amazon depois.

Kelly trabalha na Raven desde meados de 1997. Ela estava aqui antes da Borders, e é uma das duas funcionárias atuais da Raven que trabalhou para todos os donos que a loja já teve. Quando começou a trabalhar na Raven, era professora assistente no programa de pós-graduação da Universidade do Kansas, e convidou Pat Kehde e o gerente da Borders para um debate na sua disciplina introdutória de língua inglesa. "Sério?", perguntei a ela. "Eles se conheciam? Será que se davam bem?" Kelly respondeu: "Não e não".

Em 2018, Pat Kehde e Mary Lou Wright, as proprietárias originais da Raven, se uniram para contar a história da livraria num livro autopublicado. Nele, escreveram:

> Calhou que a Raven Bookstore foi capaz de sobreviver à competição da Borders, a monstruosa rede de livrarias vizinha. Em 2011, após catorze anos, a Borders fechou as portas. Atribuímos o nosso sucesso à atenção especial aos clientes, à nossa conexão ativa com a comunidade, ao nosso conhecimento do acervo de livros que vendemos. E, de maneira muito significativa, a partir de 2005, a concorrência das vendas on-line com desconto, especialmente da Amazon, tornou-se letal para as cadeias de lojas físicas nacionais. E a Raven vive.

Mas me pergunto se as mesmas estratégias que ajudaram Pat e Mary Lou a enfrentar a tempestade da Borders nos ajudarão a sobreviver à Amazon, uma empresa muito maior e muito mais poderosa.

Kaw Valley Small Business Monthly, agosto de 2002: "O futuro das pequenas livrarias, em geral, pode ser mais sombrio. [Pat Kehde diz que] 'Estamos adentrando um período complicado agora. Muitas pequenas livrarias estão fechando. Os proprietários estão mais velhos e querem se aposentar, e os jovens não estão abrindo lojas'".

Um mês depois que comprei a Raven, a livraria fez trinta anos. Todos os quatro donos tiraram uma foto juntos ao lado do bolo.

CAPÍTULO 2

OS EMPREGOS NA AMAZON

Eis o que você precisa saber sobre o trabalho num armazém da Amazon: é perigoso. A empresa usa inteligência artificial para levar seus empregados humanos ao limite e além. Esses funcionários sofrem lesões sérias durante o serviço, a uma taxa dobrada em relação à média da indústria. Eles vêm reivindicando condições de trabalho mais seguras e se organizando para efetivá-las. Mas, para cumprir sua promessa de preço baixo e frete rápido, a Amazon depende dessas jornadas exaustivas. A conveniência da Amazon é construída sobre as costas de trabalhadores sobrecarregados. E essas costas estão propensas a lesões.

Antes de falar do trabalho na Amazon, preciso falar do trabalho nas livrarias independentes. Há muito espaço para criticar o modo como essa corporação trata seus funcionários, mas não pretendo pegar leve com a minha própria indústria. Trabalhar numa livraria é um emprego exigente e de baixa remuneração. Todos que trabalham na Raven, incluindo eu, têm outros meios para se sustentar (se você comprou este livro, obrigado!). Alguns dos funcionários da Raven têm outro emprego em tempo integral. Todos na Raven trabalham apenas meio período, e não ofereço benefícios como plano de saúde. Sei também que a Raven não é a única: muitas livrarias independentes (e, ora, muitos comércios pequenos) têm essa mesma estrutura. Por um lado, todos os empregados da Raven ganham acima do salário mínimo do condado de Douglas, no Kansas, e oferecemos licença médica remunerada e alguns bônus e incentivos em dinheiro. Ainda assim, o trabalho exige bastante do funcionário e é quase impossível construir uma carreira como livreiro independente sem um monte de capital, e muitas das pessoas que poderiam ser grandes livreiras simplesmente não têm esse capital. Se quiser um futuro promissor, a indústria do livro precisa diminuir suas barreiras aos novatos e pagar melhor seus trabalhadores.

É fácil dizer que estou pagando aos meus empregados o que posso. É fácil dizer que parte da razão pela qual não posso pagar seguro de saúde ou ter funcionários em tempo integral é que as livrarias independentes sofreram um encolhimento de 6% a 8% nas vendas, deixando um pedaço menor da torta para dividir entre os nossos. Isso pode ser verdade, mas não tenho tanta certeza de que trabalhar numa livraria fosse uma maneira lucrativa de se sustentar mesmo em 1994, antes que as grandes cadeias ou a Amazon se tornassem um problema. Livreiros adoram falar que o seu trabalho vai "além do dinheiro". Esperamos que as pessoas trabalhem em livrarias porque amam o mercado editorial, e porque as vantagens não monetárias são abundantes, tais como conhecer autores ou mergulhar em pilhas de cópias antecipadas dos lançamentos. Essas coisas me motivam, claro, mas falo de um lugar de privilégio. Por mais que eu quisesse, não dá para pagar uma conta médica com exemplares antecipados.

Compare tudo isso ao anúncio de outubro de 2018 no qual a Amazon informou que a remuneração inicial de todos os cargos oferecidos seria de quinze dólares por hora.[17] Isso é mais que

---

17. Sara Salinas, "Amazon Raises Minimum Wage to $15 for All U.S. Employees", *CNBC*, 2 out. 2018.

o salário inicial da Raven. Então, nesse aspecto, pelo menos, se você quer ganhar mais dinheiro, é melhor trabalhar na Amazon do que na Raven. Mas é um pouco mais complicado do que parece.

A situação atual dos Estados Unidos torna incrivelmente difícil para qualquer trabalhador de baixa renda se sustentar, e isso engloba o mercado livreiro. Também engloba a Amazon. Mas penso que a corporação de Jeff Bezos merece uma inspeção especial por algumas razões, principalmente porque os trabalhadores na base, que não ganham muito dinheiro, estão tornando muito ricas as pessoas que estão no topo. Poucos trabalhadores de livrarias ganham bem, mas ao menos o mesmo pode ser dito de muitos donos de livrarias. Muitos donos de livrarias não recebem salário, especialmente nos primeiros dois ou três anos. Para manter a transparência: meu salário na Raven é de 35 mil dólares por ano. Em catorze segundos Jeff Bezos ganha essa mesma quantia.[18]

A Amazon vale atualmente 1,5 trilhão de dólares, e seu fundador é um dos homens mais ricos do mundo. O fato de uma empresa produzir tamanha riqueza deve, automaticamente, instigar o escrutínio de como ela trata seus trabalhadores. O que acontece na parte inferior da pirâmide para gerar tanta riqueza ao topo? A totalidade da economia de salários baixos deve ser examinada, e todo o país deve se perguntar por que estamos tão confortáveis em pedir às pessoas que trabalhem tanto por salários e benefícios que não podem pagar suas contas. Mas acredito que um bom lugar para começar a fazer essas perguntas é na empresa que ganha mais dinheiro do que qualquer outra.

---

18. Hillary Hoffower, "We Did the Math to Calculate How Much Money Jeff Bezos Makes in a Year, Month, Week, Day, Hour, Minute, and Second", *Business Insider*, 9 jan. 2019.

As pessoas amam a Amazon — é "a marca de tecnologia mais confiável e querida".[19] Uma das iniciativas mais populares da empresa é sua assinatura Prime, que conta com mais de cem milhões de adeptos.[20] Uma característica fundamental do Prime é a entrega expressa e gratuita de milhões de produtos. Isso significa o deslocamento muito rápido de um monte de mercadorias, e a Amazon conta com uma rede de mais de cem centros de distribuição nos Estados Unidos, com 150 mil funcionários em tempo integral para fazer o frete rápido e gratuito acontecer. São esses funcionários que tornam viável o serviço mais popular da Amazon e são eles que enfrentam condições exaustivas, demandas extenuantes e alta probabilidade de sofrer acidentes no trabalho.

A jornalista Emily Guendelsberger se infiltrou num centro de distribuição da Amazon ao longo de uma temporada de férias para seu livro inestimável *On the Clock: What Low-Wage Work Did To Me And How It Drives America Insane* [No corre: como o trabalho precarizado me afetou e como ele está enlouquecendo os Estados Unidos]. Guendelsberger descreve a rotina implacável de alguém que trabalha no armazém da Amazon: uma pistola de scanner usa tecnologia GPS para jogar para lá e para cá seu portador humano ao longo do gigantesco armazém, com o objetivo de separar os itens a serem embalados. O scanner sabe quando a pessoa parou de se mexer e tenta mantê-la em movimento com a maior produtividade possível. Esse software implacável de gestão de fun-

---

19. Nick Statt, "Amazon Is the Ruthless Corporate Juggernaut People Love", *The Verge*, 27 out. 2017.

20. Maryam Mohsin, "10 Amazon Statistics You Need to Know in 2020", *Oberlo*, 15 jan. 2020. [Em 2022, o número de assinantes da Amazon Prime ultrapassou duzentos milhões. Além do frete grátis, a assinatura inclui o acesso ao Amazon Prime Video, serviço de streaming de filmes e séries cuja popularidade foi impulsionada a partir de 2020 — N.E.]

cionários, que visa à máxima eficiência, está se espalhando por muitos cantos do mundo do trabalho precarizado, mas em nenhum lugar ele foi tão aperfeiçoado quanto nos centros de distribuição da Amazon. Na verdade, os scanners da Amazon são regulados para atuar *acima* da capacidade média do trabalhador. Um funcionário que Guendelsberger conheceu afirmou que "as taxas eram muitas vezes estabelecidas de forma irrealista, o que os obrigava a passar turnos inteiros de dez e onze horas nos corredores". Outro empregado disse: "Apenas um ou dois funcionários por dia, de quarenta, atinge a meta", e um terceiro acrescentou: "Quem não entrega os números que eles querem é eliminado". Uma consequência do ritmo intenso é a dor constante, tanto que a Amazon coloca, nos armazéns, máquinas de venda de medicamentos para dor, e lesões por esforço repetitivo são comuns.[21]

O tempo que Guendelsberger passou no armazém SDF8 da Amazon traz uma perspectiva valiosa sobre a visão distorcida da empresa em relação a segurança e saúde do trabalho. Uma preocupação específica de Guendelsberger são essas onipresentes máquinas, que distribuem analgésicos sem prescrição médica:

PERGUNTA Seus funcionários no armazém trabalham em turnos de 11,5 horas. Para atingir a meta, um número significativo deles precisa tomar analgésicos sem prescrição várias vezes por turno, o que significa idas regulares ao consultório médico. Você:

a) Redimensiona a meta — claramente, os trabalhadores atingiram seus limites físicos.

b) Diminui os turnos.

c) Aumenta o número ou a duração dos intervalos de trabalho.

---

21. Emily Guendelsberger, *On the Clock: What Low-Wage Work Did to Me and How It Drives America Insane*. Nova York: Back Bay Books/Little & Brown, 2020, p. 22-3, 41.

d) Aumenta o número de atendentes na enfermaria.

e) Instala máquinas automáticas para oferecer analgésicos de maneira mais eficiente.[22]

Guendelsberger continua: "Que tipo de sociopata de merda escolhe a alternativa (e)?". As máquinas de venda de analgésicos, ao mesmo tempo que representam, tecnicamente, uma solução inovadora para um problema do trabalhador, também traduzem uma forma de pensar totalmente desprovida de empatia humana. Segundo a autora: "Depois de apenas uma semana na SDF8, fica muito óbvio por que motivo 'contratar ambulâncias para estarem por perto para que os trabalhadores desidratados possam chegar mais rápido ao hospital' pareceria uma solução inteligente e inovadora para alguém". Outro exemplo do pensamento distorcido da Amazon foi revelado em setembro de 2018, quando pesquisadores descobriram que a empresa havia solicitado a patente de um dispositivo de segurança para o trabalhador: uma gaiola de arame em tamanho humano montada em cima de um robô.[23] A Amazon afirma que nunca implementou nem planeja implementar as gaiolas, mas alguém se deu ao trabalho de fazer o projeto e solicitar uma patente. Não é algo que se faz por diversão. Mesmo que as gaiolas nunca saiam do papel, a Amazon achou que sua invenção e patenteamento era um investimento que valia a pena. Mesmo que não se trate de um dispositivo efetivamente colocado em uso, o caso ainda representa o que a empresa pensa de seus funcionários.

Apesar disso tudo, a conclusão de Emily Guendelsberger após sua incursão na SDF8 parece ser que trabalhar num armazém da Amazon não é particularmente diferente de qualquer

---

22. Emily Guendelsberger, *op. cit.*, p. 59.

23. Matt Day & Benjamin Romano, "Amazon Has Patented a System that Would Put Workers in a Cage, on Top of a Robot", *The Seattle Times*, 7 set. 2018.

outro trabalho em armazém. Na verdade, pode até ser melhor. Descrevendo seus esforços para entrevistar ex-funcionários da Amazon, ela escreve: "Todos disseram que a Amazon era rigorosa, quase beirando a obsessão, quanto à segurança — 'na verdade era bastante irritante' — e que a remuneração era significativamente melhor do que empregos semelhantes e menos seguros na área".[24] O próprio site da Amazon afirma que "o salário mediano dentro de nossos centros de distribuição é, em média, 30% maior que o de lojas tradicionais de varejo".[25] No final do capítulo de *On the Clock* sobre a Amazon, a própria Guendelsberger diz a um colega de trabalho: "A impressão que eu tinha era de que seria o inferno na Terra. E não foi assim. Todos foram muito mais legais do que eu esperava. Doeu muito mais do que eu esperava, mas não era, tipo, o *fim do mundo*".[26] Emily Guendelsberger fez um trabalho valioso ao apurar as condições de trabalho a longo prazo num centro de distribuição da Amazon para escrever seu livro, e a obra propicia uma visão ampla do funcionamento interno das instalações da empresa. Entretanto, descobrir que aquele centro de distribuição em particular não era "o fim do mundo" talvez não valha para toda a rede de entregas da Amazon.

De fato, um estudo bombástico divulgado em novembro de 2019, seis meses após a publicação de *On the Clock*, refuta qualquer ideia de que o trabalho de distribuição na Amazon não seja tão ruim. O estudo, uma colaboração entre a revista *The Atlantic* e o *Reveal from the Center for Investigative Reporting*, chama os centros de distribuição da Amazon de "fábricas de lesões".[27] Após recolher registros internos de

---

24. Emily Guendelsberger, *op. cit.*, p. 20.
25. "Amazon's Fulfillment Network", About Amazon, 8 mai. 2018.
26. Emily Guendelsberger, *op. cit.*, p. 112.
27. Will Evans, "Ruthless Quotas at Amazon Are Maiming Employees", *The Atlantic*, 25 dez. 2019.

lesões em 23 dos 110 centros de distribuição da corporação, o estudo conclui que "a taxa de lesões graves nessas instalações é mais que o dobro da média nacional para a indústria de armazenagem". Alguns centros de distribuição específicos operavam com índices de acidente quatro vezes maiores que a média nacional. Enquanto alguns trabalhadores entrevistados por Emily Guendelsberger pareciam pensar que a empresa era de fato mais obcecada por segurança do que outras, o estudo da *Atlantic* prova claramente o contrário. Um trabalhador da Amazon tem mais que o dobro de chances de sofrer um acidente no trabalho do que seus pares em armazéns de outras empresas.

Em entrevista com funcionários de um centro de distribuição da Amazon em Long Island, Estados Unidos, uma reportagem do *Guardian* de fevereiro de 2020 confirma que o trabalho no armazém é especialmente perigoso. Em novembro de 2019, durante o pico dos feriados de fim de ano, seiscentos funcionários assinaram uma petição que

> pedia à Amazon que as duas pausas de quinze minutos dos trabalhadores fossem transformadas em uma pausa de trinta minutos. Eles afirmam que podem levar até quinze minutos só para ir e voltar da sala de descanso do armazém. Os trabalhadores também pediam que a Amazon fornecesse serviços de transporte mais confiáveis para o armazém. E chamaram atenção para os relatos de altos índices de acidente na unidade, que descobriram ser três vezes acima da média nacional, com base nos relatórios de lesões da empresa à Administração de Segurança e Saúde Ocupacional.[28]

---

28. Michael Sainato, "'I'm Not a Robot': Amazon Workers Condemn Unsafe, Grueling Conditions at Warehouse", *The Guardian*, 5 fev. 2020.

De acordo com um dos funcionários em Long Island, "a única mudança que a Amazon implementou após a publicação do relatório foi instalar, no armazém, monitores de vídeo que dizem aos trabalhadores que a segurança é a prioridade número um da empresa". Outro empregado diz: "Prefiro voltar para uma penitenciária estadual e trabalhar por dezoito centavos por hora a fazer esse trabalho".

Monopolized [Monopolizado], um livro de 2020 do especialista em antitruste David Dayen, faz um inventário de demonstrações de que "a experiência dos trabalhadores dentro do império da Amazon é, digamos, insalubre":

> Algoritmos determinam quantos trabalhadores são necessários a cada dia, criando uma força de trabalho de funcionários temporários estressados. [...] Sete processos alegam que funcionárias foram demitidas pelo crime de estarem grávidas. Em 2018, o Conselho Nacional de Segurança e Saúde Ocupacional indicou a Amazon como um dos empregadores mais inseguros dos Estados Unidos. A monotonia e os tormentos diários levam os trabalhadores ao desespero e até mesmo à morte.[29]

Então, por que as pessoas com quem Emily Guendelsberger conversou ao longo da apuração de *On the Clock* parecem achar a Amazon mais segura que outros empregos em armazéns? Uma explicação possível é que 2019 foi a primeira temporada de férias em que a Amazon prometeu entrega gratuita no dia seguinte para todos os clientes Prime, e Guendelsberger trabalhou num período anterior. Talvez a tensão adicional para ser ainda mais rápido, em função da entrega no prazo

---

29. David Dayen, *Monopolized: Life in the Age of Corporate Power*. Nova York: The New Press, 2020, p. 197.

de um dia, tenha feito dos centros de distribuição da Amazon lugares mais perigosos para se trabalhar.

Há outro aspecto que pode tornar perigoso o trabalho num centro de distribuição da Amazon: espiões. E não quaisquer espiões: Pinkertons. No final de 2020, o vazamento de documentos internos revelou que a Amazon está tão determinada a sufocar a dissidência e a organização dos trabalhadores que contratou espiões para monitorar armazéns e ativistas. De acordo com uma reportagem preocupante da revista digital *Motherboard*, "os analistas da Amazon monitoram de perto a organização sindical de seus trabalhadores por toda Europa, bem como a articulação de grupos ambientalistas e de justiça social no Facebook e Instagram. [...] A Amazon contratou agentes da Pinkerton — a famosa agência de espionagem conhecida por suas atividades antissindicais — para reunir informações sobre os trabalhadores dos armazéns".[30] A Amazon vê a organização dos trabalhadores, a defesa ambiental e a luta por justiça social como ameaças a serem monitoradas de perto e oportunamente liquidadas. Às vezes, "a fim de monitorar protestos e outras atividades de organização trabalhista, os agentes de inteligência da Amazon criam contas sem fotos nas redes sociais e acompanham as movimentações on-line dos funcionários que lideram a organização trabalhista". A jornalista Lauren Kaori Gurley, da *Motherboard*, afirma, com razão, que

> o modo como a Amazon lida com sua própria força de trabalho, entendendo como ameaças os sindicatos e os movimentos sociais e ambientais, traz sérias implicações para a privacidade e a capacidade de seus trabalhadores de se organizar e de

---

30. Lauren Kaori Gurley, "Secret Amazon Reports Expose the Company's Surveillance of Labor and Environmental Groups", *Motherboard*, 23 nov. 2020.

negociar coletivamente — e não apenas na Europa. Isso deveria ser preocupante tanto para os clientes quanto para os trabalhadores dos Estados Unidos e do Canadá, e em todo o mundo, à medida que a empresa se expande para a Turquia, a Austrália, o México, o Brasil e a Índia.

A contratação da agência Pinkerton, que na virada do século xx ganhou a reputação de ser contra os interesses de trabalhadores e sindicatos, é uma clara indicação de que a Amazon é refratária a reivindicações de seus funcionários por melhorias salariais e nas condições de trabalho.

Os funcionários fixos da megavarejista enfrentam perigos suficientes, mas a empresa usa as brechas do trabalho terceirizado para fugir ainda mais da segurança dos trabalhadores temporários dos armazéns e motoristas de entrega. A Amazon anuncia um salário inicial de quinze dólares por hora para todos os funcionários. É justo. Mas as pessoas que você vê dirigindo vans cheias de pacotes Prime não são necessariamente funcionárias da Amazon. De acordo com David Dayen,

> Milhares de motoristas de entrega vestem uniformes da Amazon, usam equipamentos da Amazon, trabalham nas instalações da Amazon e são chamados por seus empregadores de "a cara da Amazon.com", mas não são classificados como funcionários da Amazon. Isso significa que eles não se qualificam para receber o salário de quinze dólares por hora que Bezos anunciou, em 2018, com muito alvoroço.[31]

A principal diferença aqui é que as pessoas que dirigem as vans da etapa final de entrega da Amazon são funcionárias de pequenas empresas que fecham contratos com a Amazon.

---

31. David Dayen, *op. cit.*, p. 198.

Como discutiremos em algumas páginas, algumas dessas empresas terceirizadas existem apenas para entregar pacotes da Amazon, mas, como não são *tecnicamente* propriedade da Amazon, seus donos podem se safar pagando muito menos de quinze dólares por hora. Assim, a corporação de Bezos ainda pode dizer que todos os seus funcionários começam ganhando quinze dólares por hora, embora pessoas com coletes da Amazon, entregando caixas da Amazon, nas vans da Amazon, talvez não ganhem tanto. Uma reportagem do *Buzzfeed* de 2019 afirma que

> a Amazon nega qualquer responsabilidade pelas condições em que os motoristas trabalham, mas segue contratando ao menos uma dúzia de empresas que foram repetidamente processadas ou autuadas por supostas violações trabalhistas, como não pagar hora extra, negar pausas para descanso, discriminação, assédio sexual e outras formas de maus-tratos a funcionários.[32]

Apesar do que dizem suas camisetas, muitos motoristas não são funcionários da Amazon, então encare aquelas promessas de altos salários e benefícios com uma dose de ceticismo.

Na verdade, mesmo nos centros de distribuição, nem todos são funcionários da Amazon. Em média, um terço dos trabalhadores nesses centros são temporários, e esse percentual aumenta durante a alta temporada de férias.[33] Os temporários fazem o mesmo trabalho na mesma velocidade enlouquecedora, mas não são funcionários da Amazon. Mais uma vez, a empresa pode prometer benefícios e altos salários para os

---

32. Caroline O'Donovan & Ken Bensinger, "Amazon's Next-Day Delivery Has Brought Chaos and Carnage to America's Street — But the World's Biggest Retailer Has a System to Escape the Blame", *BuzzFeed News*, 6 set. 2019.
33. Emily Guendelsberger, *op. cit.*, p. 16.

seus funcionários, mas, para fazer o trabalho, ainda precisa de milhares de outros funcionários que não se enquadram nos benefícios prometidos. Essa dependência de terceirizados como forma de fugir das responsabilidades é um tema que surge repetidamente quando se investiga como a Amazon faz negócios.

Muito do que é vendido na Amazon.com vem de fornecedores terceirizados, mas a companhia dificulta propositalmente a distinção entre o que é vendido por ela e o que é vendido por terceiros. Ainda assim, o resultado final é que os fornecedores terceirizados colaboram com os lucros recordes da megavarejista e enchem os bolsos largos de Jeff Bezos. Assim como os caminhoneiros terceirizados, os vendedores terceirizados não se enquadram nos prometidos salários de quinze dólares por hora. Eles não são funcionários da Amazon, mas contribuem para as enormes riquezas da empresa.

A Amazon sabidamente trata vendedores terceirizados de modo rigoroso e opressivo. David Dayen escreve que o mercado da empresa é tão grande que "qualquer pessoa com aspirações de vender on-line não tem escolha a não ser se inscrever no marketplace [da Amazon] e cumprir suas regras". Esse marketplace é tão grande e poderoso, de fato, que a empresa essencialmente cria suas próprias leis: "A Amazon desconectou essa loja virtual das estruturas regulatórias e judiciais normais, operando como seu próprio tribunal de apelações particular". Não é um tribunal justo, e está totalmente isolado das leis federais e estaduais que protegem os proprietários de empresas. Na verdade, para vender nesse marketplace, você precisa assinar "o maior acordo de arbitragem empregatício dos Estados Unidos, que confia milhões de pequenas empresas ao direito privado da Amazon".[34] Dayen conta uma

---

34. David Dayen, *op. cit.*, p. 198, 201.

história convincente sobre esse exagero na regulação dos vendedores de marketplace: dois vendedores se conhecem através da Amazon e se apaixonam. Eles decidem morar juntos. Quando a Amazon percebe suas lojas operando no mesmo endereço de IP, bloqueia ambas as contas. O casal tem que obter permissão da Amazon para continuar seu relacionamento. Mas se você perguntar à Amazon, eles nem sequer são funcionários da empresa. Há milhares de pessoas que geram riqueza para a Amazon vestindo roupas da Amazon, ao mesmo tempo que são informadas de que não são funcionárias da empresa. A Amazon só considera esses trabalhadores como um problema dela no momento em que eles se tornam um problema de fato.

Mesmo com a promessa de salários iniciais mais altos — mais altos do que muitas livrarias podem pagar —, na prática, trabalhar para a Amazon pode ser uma atividade perigosa. Os trabalhadores dos armazéns são pressionados a atingir metas que nenhum humano consegue bater de forma sustentável. Motoristas de entrega e trabalhadores temporários são considerados terceirizados, e despojados de benefícios e proteções. Funcionários sofrem acidentes com muito mais frequência do que em armazéns de outras empresas. Mas essas condições de trabalho são necessárias para manter as promessas de conveniência e o consumo compulsivo dos clientes. Antes de pedir à Alexa para comprar papel higiênico, pense no que será exigido dos humanos que farão seu pacote de Neve chegar amanhã.

INTERLÚDIO 3

SE A AMAZON AFETA MEU TRABALHO NA RAVEN

Uma das maneiras pelas quais a Amazon afeta meu trabalho na Raven é a frequência com que as pessoas me perguntam se a Amazon afeta meu trabalho na Raven.

Em resumo: sim.

Já houve alguma empresa que pairasse sobre tudo como a Amazon paira sobre os pequenos varejistas hoje? É justo que uma única empresa lance uma sombra sobre cada loja de discos, cada loja de roupas, cada livraria, papelaria, loja de sapatos?

A loja de tudo está sempre no pensamento das lojas de qualquer coisa.

Às vezes, recebemos pacotes da UPS para comércios da vizinhança e não temos um escritório ou quartinho nos fundos para guardá-los. Assim, a depender da ocasião, os clientes podem entrar nesta livraria abertamente anti-Amazon e ver caixas da Amazon dispostas no chão. Não gostamos disso, mas não queremos ser maus vizinhos.

Às vezes, a van da Amazon Prime estaciona do lado de fora da nossa janela e fazemos piadas a respeito. Nunca furaríamos os pneus, porque temos solidariedade pelos funcionários sobrecarregados da Amazon, mas é uma brincadeira catártica.

A ideia de que cada coisa que vendemos está disponível a um preço menor em outros lugares está incorporada à nossa filosofia empresarial. A precificação predatória da Amazon está na raiz de quase todas as decisões que tomamos. É algo tão difícil de superar que é partindo desse ponto que pensamos em como fazer negócios.

Dá para ver quando os clientes tentam não recuar ao saber qual é o preço com impostos do novo livro de capa dura de 32,50 dólares do Eric Larson.

O primeiro resultado do Google para a pesquisa de qualquer livro é a página da Amazon. O algoritmo de pesquisa da Amazon é melhor que o do nosso distribuidor, embora nenhum dos dois seja particularmente competente. Nenhum mecanismo de pesquisa de livros on-line pode filtrar por livros de impressão sob demanda de baixa qualidade ou clássicos autopublicados, por exemplo. Ainda assim, o mecanismo da Amazon é um pouco melhor. Você poderá encontrar com frequência o site da Amazon aberto num dos computadores da loja para quando precisarmos encontrar um ISBN rapidamente ou algo do tipo.

Não me importo, juro, não me importo mesmo quando os clientes me mostram uma página da Amazon ao pedir um livro. Não sou tão ofendido ou sensível a ponto de não querer nem que as pessoas *abram aquele site* na *minha loja*. A questão é que o site da Amazon é tão onipresente que é o único lugar para procurar informações sobre um livro. É apenas uma empresa que vende livros. As editoras, empresas que *lançam os livros*, não são consideradas o lugar certo para encontrar informações sobre um livro. Uma loja conquistou essa distinção, apesar de haver milhares de lugares que vendem livros.

Um cliente liga. Pergunta sobre um livro. Encontramos informações para ele. Preço, sinopse, data de lançamento, tanto faz. A conversa chega ao ponto em que se transforma numa venda ou não. "Você tem no estoque?", o cliente pergunta. "Não, mas terei prazer em encomendar para você, e ele estará aqui em alguns dias." Muitas vezes o cliente responde com uma destas frases:

- "Vou pensar a respeito";
- "Vou ligar para outros lugares";
- "Te ligo de volta";
- "Quero encomendar o livro, mas não agora";
- "Não quero dar trabalho".

Cada uma das respostas acima significa "Vou comprar na Amazon assim que desligarmos, mas obrigado por fazer esse serviço de graça para mim".

É preciso acompanhar muitas coisas quando se dirige um pequeno negócio. Nem sempre posso encomendar tinta para a impressora na mesma hora que surge o aviso de 20% de carga. De algum modo nós conseguimos a façanha de ter uma impressora cujos cartuchos de tinta não são vendidos por nossa empresa de suprimentos de escritório nem por qualquer uma das lojas físicas em Lawrence. Não compro nada da Amazon há quase dois anos. Às vezes fica difícil. Parece que ninguém tem os cartuchos de tinta que se encaixam na impressora da Raven. Mas persisto com os últimos suspiros do cartucho até que um novo esteja disponível em algum outro lugar.

Como disse, não encomendei nada da Amazon nos últimos dois anos, mas a última compra que fiz no site talvez seja a minha história mais constrangedora enquanto livreiro. Vou te contar se você prometer não contar a ninguém. Eu manteria isso em segredo, mas representa um passo importante na minha própria evolução anti-Amazon, pois foi tão terrível que decidi naquele momento cancelar totalmente a minha conta, não apenas minha assinatura do Prime. Meu filho tinha poucos meses de vida e não dormia por nenhum período significativo de tempo. Eu vivia à base de cochilos de 45 minutos alternados com períodos de uma hora tentando fazê-lo pegar no sono. Esse estado de espírito me fez esquecer as coisas. Foi durante essa neblina mental que concordei em vender livros num evento fora da livraria, e me esqueci de anotar a data na minha agenda. Dois dias antes do evento, meu coração saiu pela boca quando recebi um e-mail de lembrete perguntando se eu precisava de alguma ajuda. Sim, respondi em silêncio. Eu preciso encomendar esses malditos livros e nenhuma editora ou distribuidora vai me entregar em menos de 48 horas. Eu os encomendei na Amazon, e paguei tanto pela entrega que certamente perderia dinheiro no evento, mesmo se vendesse tudo. Talvez eu tenha dito a verdade aos meus funcionários, mas não me lembro. Quando as caixas chegaram, eles muito carinhosamente se abstiveram de me fazer passar o ridículo que eu merecia. Eu rapidamente as coloquei em algumas caixas vazias da Penguin Random House que estavam na pilha de reciclagem e levei para o meu carro, pronto para ir ao evento.

Durante a crise do coronavírus, estávamos realizando um evento on-line no Crowdcast com um grupo de escritores de literatura infantojuvenil. Vários dos amigos deles também eram autores, alguns razoavelmente conhecidos, e estavam na plateia digital. Um dos debatedores mencionou um livro novo. Um dos amigos famosos do autor colocou um link de pré-venda no bate-papo do evento. Um link para a Amazon. Corri para pegar um link da Raven para postar no bate-papo, esperando que as pessoas clicassem nele. E, admito, eu também queria defender uma causa, embora, sinceramente, esse autor seja famoso demais para eu ficar criando caso com ele. Ninguém no bate-papo falou nada, mas alguém mencionou mais tarde, no Twitter, que pôde ver meu rosto tenso na tela quando o link da Amazon apareceu.

Não é que os donos de livrarias sejam obcecados por isso, apesar do episódio acima poder dar a entender que são. É só aquela questão da sombra pairando. Precisamos lutar muito para conseguir uma pequena fatia de mercado desse monstro de empresa. Perdoe-nos por sermos um pouco sensíveis demais e percebermos esses detalhes. Detalhes como um retuíte de autor mostrando apoio à nossa causa, enquanto sua bio no Twitter está vinculada à página do seu livro na Amazon.

É que cada pensamento que temos sobre o nosso negócio tem pelo menos um respingo da Amazon por cima dele. Quando um cliente diz "Fico feliz por você estar aqui", ou "Fico feliz em gastar dinheiro aqui", a segunda metade silenciosa da frase é sempre "em vez da Amazon".

CAPÍTULO 3

A REDE
DE ENTREGAS
DA AMAZON

Já disse: eu adoraria ser capaz de competir com a Amazon. Este livro não surge da minha relutância em competir com a Amazon, surge da minha incapacidade de fazê-lo. A empresa que representa a maior ameaça à minha livraria é um negócio com o qual não posso competir, porque está deformando as regras do capitalismo de livre mercado de modo a torná-lo fundamentalmente injusto. Se isso continuar a crescer sem qualquer controle, não haverá mais negócios como o meu. O principal truque que o braço de varejo da Amazon usa para garantir essa injustiça é o ato de ser uma plataforma e um usuário dessa plataforma ao mesmo tempo.

Explico: o braço de varejo da Amazon tem basicamente duas maneiras de te vender coisas — diretamente da Amazon e de vendedores terceirizados.

Na primeira opção, você dá à Amazon seus dados do cartão de crédito e seu endereço, e um dos centros de distribuição envia o item que você encomendou.

Na segunda opção, você dá à Amazon seus dados do cartão de crédito e seu endereço, e, depois de tirar uma parte do dinheiro, ela encaminha suas informações e o resto do dinheiro a alguém que gerencia uma pequena empresa para atender esse tipo de pedido. E essa pessoa te envia o item.

Como qualquer coisa relacionada à Amazon, é tudo um pouco mais confuso (muitas vezes de propósito), mas essa é a essência: algo que você compra da Amazon é processado ou por ela ou por um terceiro. A Amazon é tanto uma loja quanto uma plataforma na qual vendedores independentes competem entre si. Eis o problema: a Amazon não é apenas a hospedeira dessa plataforma de marketplaces, mas também uma concorrente nessa mesma plataforma. E a Amazon faz as regras. Isso significa que o marketplace da Amazon é intrinsecamente injusto, porque um dos concorrentes pode mudar as regras da plataforma num piscar de olhos, e todos os outros têm de se adaptar. A Amazon pode usar (e usa de fato) seu duplo papel como plataforma e concorrente para distorcer o jogo de modo injusto, para se favorecer.

Então por que esses vendedores não vão para outro lugar? Bem, a Amazon é um monopólio do e-commerce. Isso significa que, na prática, *não há* outro lugar. Numa reportagem do *Wall Street Journal* de 2015, um comerciante aflito diz: "Não dá mesmo para ser um vendedor on-line de larga escala sem estar na Amazon, mas os vendedores têm perfeita noção do fato de que a Amazon também é sua principal concorrência".[35]

Um sistema de competição de mercado verdadeiramente justo teria um conjunto de operadores fora do sistema, como os árbitros num jogo de basquete. No mundo ideal, esse papel seria do governo. Continuando a metáfora do basquete: da maneira como a Amazon faz as coisas, é como se o inventor do basquete, James Naismith, estivesse treinando um dos dois times, atuando como árbitro *e* inventando novas regras para beneficiar sua própria equipe durante a partida. O outro time não pode mudar as regras, e é forçado a lutar para se adaptar

---

35. Angus Loten & Adam Janofsky, "Sellers Need Amazon, but at What Cost?", *The Wall Street Journal*, 14 jan. 2015.

às normas à medida que elas aparecem. Quais as chances reais do time rival de Naismith ganhar?

Uma maneira da Amazon aproveitar sua posição como hospedeira e concorrente na plataforma é roubar ideias dos outros vendedores para desenvolver novos produtos de sua marca. Foi exatamente isso o que revelou uma investigação bombástica do *Wall Street Journal*, de abril de 2020: "Os funcionários da Amazon usaram dados dos vendedores independentes da plataforma da empresa para desenvolver produtos concorrentes".[36] A investigação do *Wall Street Journal* afirmou que a prática era "padrão": a Amazon usou seu papel como gestora da plataforma para acessar dados que a ajudariam em seu papel como concorrente. A empresa nega todas as acusações, mas a investigação foi séria o suficiente para que Jeff Bezos recebesse uma carta alarmante do Comitê Judiciário da Câmara de Representantes, da qual falaremos no capítulo 7. Não foi a primeira vez que essas práticas de plataforma/concorrente puseram a Amazon sob escrutínio governamental; em 2018, a União Europeia iniciou uma investigação antitruste para determinar "se a Amazon estaria ganhando vantagem competitiva com os dados que coleta a cada transação e de cada comerciante de sua plataforma".[37] A exploração dessa brecha concorrente/plataforma dá à Amazon um poder extraordinário sobre as pessoas que subsistem do seu marketplace. A empresa usa desse papel duplo para impulsionar seu crescimento e influência, que parecem imbatíveis.

---

36. Dana Mattioli, "Amazon Scooped Up Data From Its Own Sellers to Launch Competing Products", *The Wall Street Journal*, 4 abr. 2020.

37. Sam Schechner & Valentina Pop, "E.U. Starts Preliminary Probe into Amazon's Treatment of Merchants", *The Wall Street Journal*, 19 set. 2018.

Agora, a Amazon está jogando esse jogo duplo com as maiores e mais confiáveis redes de transporte do mundo. Como escreve Rana Foroohar,

a Amazon iniciou um novo negócio oferecendo serviços de logística e entrega para os próprios varejistas, de quem UPS e FedEx estão agora cobrando mais caro como resultado dessa ação. Ao se inscreverem, os comerciantes — a maioria já competindo com a própria Amazon pelas vendas — agora têm uma vantagem ainda menor, fortalecendo mais a Amazon no processo.[38]

Foroohar explica que a Amazon está levando sua dupla função também para a esfera do transporte de produtos. Oferecer seu próprio serviço interno de entrega dá à Amazon mais uma maneira de espremer clientes e vendedores terceirizados. Mas essa incursão no transporte não afeta apenas vendedores e clientes: a Amazon basicamente desafiou a rede global de logística a entrar num jogo manipulado de alto risco. A autora continua: "A Amazon é como um cassino de Las Vegas — a casa sempre ganha". A princípio, daria para pensar que o volume enorme de entregas da Amazon ajudaria o serviço de correios dos Estados Unidos e as outras empresas de transporte. Não é bem assim.

A Amazon já foi vista como salva-vidas para o "naufrágio" dos correios estadunidenses. Em seu livro de 2016, *Neither Snow Nor Rain: A History of the United States Postal Service* [Nem neve nem chuva: uma história do serviço postal dos Estados Unidos], Devin Leonard descreve a relação entre a Amazon e os correios como inicialmente promissora. Pensando na Amazon, os correios negociaram um novo contrato sindical que autori-

---

38. Rana Foroohar, *Don't Be Evil: How Big Tech Betrayed Its Founding Principles — and All of Us*. Nova York: Currency, 2019, p. 181.

zava a entrega de pacotes da Amazon aos domingos. Leonard cita o supervisor dos correios, Jesse Garrett: "De repente, viramos a principal empresa de entrega de encomendas, em grande parte devido à nossa parceria com a Amazon e nossa disposição de trabalhar sete dias por semana. Você escuta todos os dias: 'Agradeço a Deus pela Amazon'".[39] Mesmo anos antes das ambições de entrega da Amazon virem a público, houve quem se preocupasse com o que ela pretendia fazer com o universo da logística. Em seguida, Leonard diz que "a lealdade da Amazon a longo prazo é questionável" e cita um funcionário do sindicato dos trabalhadores dos correios: "A Amazon nos deixará num piscar de olhos se encontrar uma opção melhor".

Agora, menos de uma década após os correios passarem a fazer entregas aos domingos, a Amazon encontrou uma opção melhor. Em vez de fomentar a rede global de entregas, a empresa quer substitui-la. No *Yale Law Journal*, Lina M. Khan afirma: "Ex-funcionários dizem que o objetivo de longo prazo da Amazon é contornar integralmente a UPS e a FedEx".[40] Mesmo que seja mais rápida e barata, a visão da Amazon para uma rede de entregas passa por cima de bons empregos e atividade sindical para criar algo com menos segurança e quase sem regulamentação.

A arma mais evidente da Amazon em sua campanha para substituir a rede de entregas global não são navios, trens ou seus infames drones conceituais: são as vans Sprinter, da Ford. Às vezes elas têm o sorriso símbolo da Prime estampado na lateral, às vezes não. Podem estar um pouco detonadas, estacionadas em fila dupla ou fazendo manobras arriscadas, mas

---

39. Devin Leonard, *Neither Snow nor Rain: a History of the United States Postal Service*. Nova York: Grove Press, 2017, p. 251.

40. Lina M. Khan, "Amazon's Antitrust Paradox", *The Yale Law Journal*, v. 126, n. 3, jan. 2017.

não dá para negar que estão em todas as cidades dos Estados Unidos, a qualquer hora, todos os dias. Essas vans são os tijolos com os quais a Amazon tenta construir sua própria rede privada e não regulamentada de entregas.

A estratégia aqui é a seguinte: para acelerar a entrega e controlar melhor a logística, a Amazon está criando sua própria estrutura para a etapa final de entrega. Em vez de delegar o envio dos pacotes a uma empresa estabelecida, regulamentada e sindicalizada, como os correios, a Amazon utiliza as redes de entregas existentes para levar os pacotes apenas até os centros de distribuição. A partir desses centros é que os próprios motoristas da Amazon levam os pacotes ao destino final: a última etapa. Só que esses motoristas não são, de fato, motoristas da Amazon: são funcionários de empresas terceirizadas que têm um contrato com a Amazon. Muitas delas são empresas criadas exclusivamente, com ajuda e financiamento da Amazon, para entregar pacotes da Amazon. A Amazon, então, define todos os aspectos dessas empresas, já que são responsáveis pelo único negócio que elas realizam. Ainda assim, a Amazon pode fugir com facilidade de ser responsabilizada por quaisquer perigos ou maus-tratos aos funcionários, com o bom e velho argumento de que são empresas "terceirizadas".

Uma vez que contrata empresas de entrega terceirizadas para completar a etapa final, a Amazon evita ser responsabilizada por desastres que possam acontecer dentro dessa rede frouxa e frouxamente regulamentada. Num relatório bombástico do *Buzzfeed*, Caroline O'Donovan e Ken Bensinger escrevem:

> Isso quer dizer que, quando as coisas dão errado, como muitas vezes acontece sob a intensa pressão criada pelas metas punitivas da Amazon — quando os trabalhadores são maltratados ou mal remunerados, quando as empresas de entrega sobrecarregadas

decretam falência ou quando inocentes são mortos ou mutilados por motoristas irresponsáveis —, o sistema permite que a Amazon lave suas mãos.[41]

Esses motoristas entregam pacotes da Amazon, muitas vezes vestindo camisas e bonés da Amazon, e às vezes dirigindo vans estampadas com a marca da Amazon. Mas não são funcionários da Amazon, e ela pode facilmente se livrar das consequências perigosas geradas por suas expectativas absurdas de velocidade e produtividade — mesmo quando essas expectativas são de "menos de dois minutos por pacote" durante um turno completo de oito horas.

A reportagem de O'Donovan e Bensinger é uma leitura essencial sobre as práticas de entrega da Amazon. Desde a primeira frase ("Valdimar Gray entregava pacotes para a Amazon no auge da corrida antes do Natal quando sua van de três toneladas atingiu uma avó de 84 anos, esmagando seu diafragma, quebrando várias costelas e fraturando seu crânio"), a investigação do *Buzzfeed* deixa claro: a rede particular de entregas da Amazon é tão desregulada quanto insegura. A matéria é um catálogo do caos: as consequências da etapa final de entrega incluem a morte (de qualquer um, desde uma avó a um bebê de dez meses ou um cão), incontáveis acidentes, a negligência de dispositivos de segurança fundamentais, vans tão lotadas de pacotes que é impossível enxergar o para-brisas, fraudes e processos judiciais, táticas de sabotagem da sindicalização, além de motoristas sem tempo para comer, forçados a urinar em garrafas e que trabalham em vans mal conservadas com baixos salários e metas assustadoras. A Amazon contratou

---

41. Caroline O'Donovan & Ken Bensinger, "Amazon's Next-Day Delivery Has Brought Chaos and Carnage to America's Street — But the World's Biggest Retailer Has a System to Escape the Blame", *BuzzFeed News*, 6 set. 2019.

empresas que têm inúmeras acusações de violação trabalhista; algumas delas empregam funcionários com graves condenações por direção perigosa. O sistema inteiro é calcado no caos, e é seriamente arriscado. Mas é fácil ignorar isso tudo quando você precisa de uma caixa sorridente na sua porta até amanhã. Por fim, algo impulsiona minhas maiores preocupações acerca das entregas da Amazon: em abril de 2019, a Amazon inaugurou a entrega gratuita no dia seguinte para os clientes Prime. As práticas necessárias para cumprir esse prazo com mais de cem milhões de assinaturas são caóticas, e às vezes violentas. Pense por um segundo: você pode comprar algo on-line com um desconto agressivo, e o item aparece na sua porta *amanhã*. Ao longo de quase toda a história da humanidade, isso era inimaginável. Mas agora é uma realidade tão conveniente e sedutora que muitas pessoas escolhem não pensar a respeito do que, exatamente, é preciso para que isso aconteça. Só aquela última etapa da jornada da caixa sorridente já tem consequências terríveis.

Mas a Amazon foge da responsabilidade em quase todos os sentidos — até mesmo com as vans. De acordo com a mencionada investigação do *Buzzfeed*,

> Embora as vans Sprinter da Amazon possibilitem que seus operadores de entrega carreguem um peso muitas vezes maior que o da maioria dos carros de passeio, esse peso fica apenas um pouco abaixo do limite que submeteria essas vans e seus motoristas à fiscalização do Departamento de Transportes, ao contrário da maioria dos caminhões da FedEx e da UPS.

Antes de entender isso como inovação, leve em conta o seguinte: a Amazon construiu propositalmente uma rede de motoristas exaustos e sobrecarregados operando vans enormes que são "pequenas" *o suficiente* para evitar o tipo de inspeção e manutenção exigida da maioria dos outros caminhões de entrega. A Amazon impõe metas diárias vertiginosas às pessoas que dirigem essas vans, e seus motoristas não passam pelo treinamento dos motoristas de entrega de outras vans. E o que acontece se algo der errado? A Amazon pode lavar as mãos, porque são empresas terceirizadas.

Enquanto a empresa cultiva o hábito de não prestar contas a respeito dos seus trabalhadores ao classificar muitos deles como terceirizados, a UPS e os correios são amplamente sindicalizados, e oferecem ao menos a promessa de proteção ao trabalhador e o poder de negociação coletiva. Além disso, a investigação também menciona que:

> Os candidatos a vagas na UPS e FedEx são criteriosamente selecionados, e passam por avaliações difíceis antes de serem contratados. Eles têm um treinamento rigoroso que pode durar semanas ou mais, a depender do cargo, e são obrigados a passar por um treinamento adicional a cada ano. Mesmo os menores acidentes desencadeiam investigações internas que buscam identificar quem foi o culpado e como tais acidentes podem ser evitados no futuro.

Onde alguns podem ver nostalgia, eu vejo o desejo de manter os trabalhos de entrega seguros e sindicalizados, com benefícios e prestação de contas. Na rede de entregas da Amazon, os motoristas às vezes passam por dois dias de treinamento leve antes de serem lançados em ambientes difíceis como o centro de São Francisco.

Alguns dos pacotes da Amazon são entregues de forma ainda menos organizada do que na frota de empresas privadas não pertencentes à Amazon, apesar de só entregarem para a Amazon. O programa Amazon Flex permite que as pessoas utilizem seu próprio carro para entregar os pacotes da companhia. É um Uber para caixas sorridentes. Mas a concorrência entre os motoristas do Amazon Flex ficou tão acirrada que algumas pessoas usam aplicativos especiais e até robôs para atrair mais entregas para si. É um trabalho imprevisível e instável, assim como muitos empregos oferecidos pelas grandes empresas de tecnologia. Muitos motoristas Flex "ficaram frustrados com a intensidade e a constante imprevisibilidade dos turnos de trabalho".[42] Um ex-motorista Flex descreveu o modelo de negócios da Amazon Flex como "jogar um peixe num balde de lagostas [...]. Todos nós temos de lutar por uma refeição". A Amazon pode afirmar com segurança que esse tipo de serviço paga de 18 a 25 dólares por hora, isso se você conseguir de fato uma hora de trabalho. Embora haja ao menos a promessa de um bom salário, eu nunca chamaria isso de um bom trabalho.

Há duas coisas que me preocupam acerca de como a Amazon construiu sua rede de entregas particular: primeiro, seu desejo de trocar uma rede altamente regulamentada e em grande parte sindicalizada por algo inseguro e não regulamentado. Em segundo lugar, preocupo-me com o desejo frequente da Amazon de se separar das consequências de seu alcance e sua influência. Aparentemente, em cada um de seus movimentos, há uma fuga dos efeitos da sua predominância. Nossa van de entregas matou sua avó? Sentimos muito por sua perda, mas não é *nossa* van de verdade. É uma van de terceiros e a responsabilidade é dessa pequena empresa. Não importa que o único propósito da empresa seja entregar pacotes da Amazon, ou que ela tenha sido fundada com um empréstimo da Amazon, ainda assim ela é uma *empresa separada*, viu? O que significa uma empresa tão desesperada para

---

42. Annie Palmer, "Amazon Flex Drivers Are Using Bots to Cheat Their Way to Getting More Work", *CNBC*, 9 fev. 2020.

fugir de suas responsabilidades? Como dono de um pequeno negócio, tenho orgulho de defender minha loja, seus funcionários, seu lugar na comunidade e a mercadoria que ela carrega.

A Amazon é tão grande que, se não gostar de trabalhar com alguém, ela pode simplesmente criar uma versão nova, mais poderosa e muitas vezes menos segura de seu concorrente. Ao fazer isso, a empresa de Bezos muitas vezes encontra maneiras de fugir da responsabilidade e das consequências de sua "disrupção". Mesmo algo tão grande quanto essa rede global de logística não está incólume. Mas acho que é importante perguntar: até onde isso vai? Será que a Amazon também se cansará de trabalhar com os governos a ponto de tentar *suplantá-los*? Eu receio que já haja sinais do envolvimento perigoso da Amazon com o próprio governo. Falarei mais a respeito daqui a alguns capítulos.

INTERLÚDIO 4

O MAIOR BEST-SELLER DA RAVEN

Aqui vai uma boa história que a Amazon nunca poderia contar, sobre um livro que nem sequer está disponível em sua loja.

Na Harvard Book Store, o maior best-seller de todos os tempos é *Make Way for Ducklings* [Abra caminho para os patinhos]. Na Book Culture, sem contar os livros didáticos, é *A amiga genial*. Na King's Co-op, no Canadá, é *A metamorfose*, de Kafka. A Book Loft, em Columbus, vendeu mais de dez mil cópias de *O alquimista*, maior best-seller da loja. Na Books Are Magic o mais vendido é *Aqui estamos nós: notas sobre como viver no planeta Terra*, de Oliver Jeffers. Na Literati, em Ann Arbor, provavelmente é *Bluets*, de Maggie Nelson, ou pelo menos foi por algum tempo. Aqui na Raven, o maior best-seller de todos os tempos é uma coletânea de receitas autopublicada de um restaurante que não serve nada há quase duas décadas: *The Paradise Café & Bakery Cookbook*.

O Paradise Café & Bakery fechou em 2003, onze anos antes de eu chegar a Lawrence. A loja virou uma boate chamada Tonic, que também fechou. Nas raras ocasiões em que eu ficava no centro da cidade até tarde o suficiente para a Tonic estar aberta, de vez em quando eu cruzava o cordão otimista de veludo vermelho da entrada, sob o olhar dos seguranças entediados, parados em frente a janelas que piscavam em laranja e roxo, sintonizadas com o ritmo que ecoava lá de dentro.

Não sei por qual motivo o Paradise Café & Bakery fechou, mas as manchetes do jornal local, organizadas em ordem cronológica, contam uma história que parece bastante familiar:

- "Restaurantes espremidos pela concorrência crescente";
- "Restaurante do centro fecha para reforma";
- "Fim da comida no balcão do Paradise; restaurante do centro foca bar e entretenimento";
- "Bandas de Lawrence começam a animar o Paradise";
- "Restaurante descontente: carta ao editor";
- "Trabalhadores se unem para salvar o Paradise";
- "Churrasco Shop pode passar a operar no Paradise";
- "Proprietários tentam vender o Paradise".

Embora eu nunca tenha comido os Hobo Eggs nem visto as famosas camisas havaianas enfeitando as paredes, sinto um apego pelo Paradise Café ao comercializar, na Raven, centenas de seus livros de receitas todos os anos.

Os irmãos Steve e Missy McCoy abriram o Paradise Café & Bakery em 1984. Em 2011, oito anos após o fechamento do restaurante, Missy publicou de modo autônomo esse livro brilhante e colorido chamado *The Paradise Café & Bakery Cookbook*. Ele trazia fotos das camisas havaianas, de pessoas vestindo camisetas do Paradise Café em lugares distantes, além de todas as receitas clássicas do auge do restaurante. Tanto a capa quanto a espiral que une todas as páginas podem vir em várias cores diferentes. Tenho certeza de que somos a única loja no mundo que vende esse livro. Talvez a Merc[43] tenha também alguma cópia. Mas entre as paredes empoeiradas da Raven, Michelle Obama vendeu um quarto dos livros que Missy McCoy vendeu. É um best-seller que só poderia ser um best-seller na Raven.

O *Paradise Café and Bakery Cookbook* não está disponível na Amazon.

Não sei bem o que Missy McCoy pensa disso tudo. Todas as nossas interações são comerciais. Eu mando um e-mail a ela, e na sua próxima visita à cidade ela me traz um saco de papelão cheio de livros de receitas. Junto, há uma nota fiscal escrita à mão, e eu mando um cheque à sua casa de campo sempre que possível. Acho que a primeira tiragem do livro foi bastante cara, e creio que ela sinta ambiguidade com relação ao fim do Paradise. Acredito que ela seguiu em frente. Mas as pessoas seguem comprando esse livro de receitas. Da última vez que ela apareceu na livraria, vestia uma camisa havaiana, e perguntei se foi uma das que decorava as paredes do restaurante. "Ah, não", respondeu. "Esta é da Kohl. Pelo jeito, eu sigo o mesmo estilo."

Eu a encontrei na fila do banco em novembro de 2018 e disse a ela que estávamos prestes a ficar sem cópias do livro bem no meio da agitada temporada de Natal. Será que ela teria mais? "Você pegou as últimas", disse ela. Sugeri que ela fizesse uma segunda edição, acrescentando cinco ou seis receitas, pois assim as pessoas comprariam o livro novamente. Ainda defendo essa ideia, mas ela acabou imprimindo mais trezentas cópias da versão antiga. E só o fez depois que fiz o pagamento adiantado das minhas cópias para ajudar com os custos de impressão. Pago a Missy 18 dólares por cada livro de 28,95 dólares, um desconto de 38%. É um valor abaixo do meu desconto normal,

---

43. Cooperativa local de alimentos em Lawrence. [N.E.]

que, dependendo da editora, está entre 43% e 46%. Então, nem ganho tanto dinheiro por cada cópia do *Paradise Café Cookbook* vendida, mas eu não mudaria uma única vírgula desse livro ou da nossa relação com ele. Exceto talvez a possiblidade de realizar uma segunda edição.

Não acho que o Paradise Café tenha sido revolucionário. Até onde eu sei, era só um lugar que serviu "comida boa e de verdade" numa cidade do Kansas por alguns anos. No entanto, sua memória ainda é uma presença em Lawrence. Seu arquivo é composto de histórias, olhares cúmplices, algumas camisetas velhas e um autopublicado livro de receitas, encadernado em espiral, que as pessoas seguem comprando. Um dia, Chris veio trabalhar usando uma camiseta do Paradise Café que seu irmão havia encontrado num armário. Tirei uma foto dele usando a camiseta enquanto segurava o livro de receitas e publiquei nas nossas redes sociais. Missy mencionou o post na vez seguinte em que apareceu na livraria, e comentou que talvez tivesse um estoque parado de camisetas em casa. "Missy!", exclamei. "A gente poderia vendê-las!"

"Sério?", ela perguntou.

"Sim!"

"Vou te enviar um e-mail", disse ela, dando de ombros.

Algumas horas depois recebi o e-mail: "Bom, sobraram cerca de quarenta camisetas quando fechamos o restaurante. Elas nunca foram vendidas, usadas ou lavadas. A maioria nem sequer foi desdobrada, e não sei se você quer mesmo fazer algo com elas". Eu lhe assegurei que nós queríamos de verdade, que elas seriam perfeitas para a nossa banca na próxima Sidewalk Sale, a feira de rua da cidade. Ela apareceu com as camisetas poucos dias depois, algumas cobertas por pelos de gato, ainda insegura com relação ao incômodo. Mesmo assim, fez uma proposta difícil. "Por quanto devemos vendê-las... vinte pratas?"

"A gente vende as camisetas da livraria por cerca de quinze dólares, então...", respondi.

"Então vão ser vinte dólares", ela arrematou.

A Sidewalk Sale é conhecida por atrair multidões matinais de caçadores de pechinchas. No final da rua, algumas pessoas batiam nas portas trancadas da Urban Outfitters em busca de tênis da Nike a dez dólares. Na Raven, dou minha palavra de honra que encontrei uma fila de gente esperando para comprar camisetas do Paradise Café.

CAPÍTULO 4

A RELAÇÃO DA AMAZON COM PRIVACIDADE E VIGILÂNCIA

Eu estava no meio de um episódio da série documental *Frontline* e não podia acreditar no que via. Fazia anos que havia embarcado nesse grande projeto de escrever sobre a Amazon e eu ainda dava um jeito de encontrar motivos para me impressionar. A câmera está no alto, num canto da sala. Uma jovem está parada no meio. O quarto, provavelmente o quarto dela, está cheio de roupas rosas e roxas espalhadas por duas camas de solteiro. Uma voz vem de trás da câmera: "Vamos lá, você pode dizer a palavra mágica?". A menina olha para cima, confusa. "N*****",[44] diz a voz vinda da câmera.

"Quem é?", pergunta a menina, em pânico.

"Sou o seu melhor amigo", diz a voz. "Eu sou o Papai Noel."

"Mamãe!", ela grita.

Corta para o produtor de *Frontline*, James Jacoby, perguntando a Dave Limp se ele tinha visto o vídeo. Dave Limp, vice--presidente sênior de dispositivos e serviços da Amazon. Dave Limp, inventor da câmera de segurança doméstica Ring insta-

---

44. A palavra dita pela câmera é *nigger*, um termo pejorativo em inglês para se referir a pessoas negras. [N.T.]

lada no quarto daquela menina. A câmera Ring que fora facilmente hackeada para vomitar lixo tóxico naquela menininha. Limp diz que sim, ele tinha de fato visto o vídeo.

"E o que você achou?", pergunta Jacoby.

Nesse momento, Dave Limp poderia se desculpar. Ele poderia dizer que se arrepende da participação da Amazon no trauma causado a uma criança. Ele poderia prometer melhorar. Ele está em rede nacional, falando em nome da empresa ultrapopular e de alto nível para a qual trabalha. Ele poderia assumir a responsabilidade pelo trauma gerado numa menininha por meio do dispositivo que ele inventou.

Mas, como é frequentemente o caso quando se trata dessa empresa, ele foge da responsabilidade, escorregadio. Em vez de se desculpar, Dave Limp diz: "Acho que é um problema da indústria. Não se trata só de uma câmera Ring. Poderia ser a câmera de qualquer um".

Um pouco depois, no mesmo episódio, um trecho de um filme de uma reunião interna da Amazon mostra Dave Limp chamando a câmera Ring de "fofa".[45]

A Amazon está invadindo a casa e a privacidade das pessoas ao propor um reforço ao sistema de segurança pública e uma porção de tecnologias e dispositivos que elas compram de bom grado. Em seu livro *Don't Be Evil* [Não seja mau], Rana Foroohar escreve que "a realidade da segurança pública feita a partir de dados nos Estados Unidos veio para espelhar a ficção científica distópica", e a Amazon é uma força motriz da

---

45. "Amazon Empire: The Rise and Reign of Jeff Bezos", dir. James Jacoby. In: *Frontline* (temporada 2020, episódio 12), 18 fev. 2020. Disponível em: https://www.pbs.org/wgbh/frontline/documentary/amazon-empire/.

adaptação da polícia ao Big Data.[46] Na verdade, num momento posterior desse episódio da série documental *Frontline*, James Jacoby cita *1984*, de George Orwell, diretamente a Dave Limp, ao que Limp responde: "Não quero viver num mundo assim". Mas não só Dave Limp vive num mundo assim como desempenha um papel importante na sua criação.

Em muitos aspectos, a Ring é um exemplo perfeito de uma promessa de startup. Fundada com o nome de Doorbot em 2013, a ideia inicial era simples: câmeras de vídeo controladas por aplicativos acima das campainhas para tranquilizar as pessoas com relação à segurança doméstica. A Doorbot conseguiu um monte de capital por *crowdfunding*, foi ao *Shark Tank*, contratou uma celebridade como porta-voz (Shaquille O'Neal, de todas as pessoas),[47] mudou seu nome para Ring e em seguida atingiu o objetivo final: ser adquirida por muito dinheiro por uma gigante tecnológica bem maior. Em 2018, a Amazon comprou a Ring por mais de 1,2 bilhão de dólares.[48]

É o encaixe perfeito. A chamada "pirataria da varanda" se tornou um problema crescente à medida que as pessoas começaram a roubar os pacotes das portas de outras casas. Mas lembre-se: isso é um problema apenas porque a Amazon afastou as pessoas das compras nas lojas físicas para passarem a ter coisas entregues em casa. Ou seja, para começo de conversa, é culpa da Amazon que haja mais tesouros para os piratas. A empresa está agora, portanto, adicionando um item valioso ao seu portfólio, e uma maneira de manter as pessoas girando em sua órbita: você se preocupa com as pessoas roubando suas

---

46. Rana Foroohar, *op. cit.*, 2019, p. 238.

47. O comentário do autor é irônico, pois O'Neal está envolvido em alguns escândalos nos Estados Unidos — foi acusado de assédio sexual e de contratar uma gangue para resolver uma questão pessoal. [N.T.]

48. "Ring (company)", *Wikipedia*. Disponível em: https://en.wikipedia.org/wiki/Ring_Inc.

caixas da Amazon? Há uma solução fácil para isso! Basta comprar uma campainha videomonitorada da Amazon! Mas, como frequentemente é o caso quando se trata dessa gigante varejista, há algo maior acontecendo. Por meio da Ring, a Amazon põe na sua mira o sistema policial e o governo. A companhia fundada por Bezos lançou uma iniciativa para as delegacias de polícia aderirem à Ring e estimularem a adesão dos cidadãos locais. Entre junho de 2020 e a escrita deste livro, mais de 1,3 mil delegacias de polícia se inscreveram em programas que permitem o compartilhamento de vídeo entre seus departamentos e os usuários da Ring.[49] A polícia pode solicitar imagens dos usuários, ou os usuários podem compartilhar imagens "suspeitas" com a polícia.

A Ring também tem táticas agressivas para fazer novas delegacias de polícia aderirem e estimularem os cidadãos a fazerem o mesmo, incluindo descontos, estratégias nas redes sociais e brindes. A ideia de que uma empresa seja capaz de transformar as forças policiais estadunidenses em forças comerciais é, para mim, algo profundamente preocupante, e a Electronic Frontier Foundation concorda. Em um artigo intitulado "Five Concerns About Amazon Ring's Deals With Police" [Cinco preocupações acerca dos acordos da Amazon Ring com a polícia], o analista político Matthew Guariglia escreve: "As parcerias da Ring com a polícia transformam aqueles que deveriam ser nossos funcionários públicos mais confiáveis em vendedores", e acrescenta: "A polícia acha que você precisa de uma câmera na sua porta porque a sua casa está em perigo, ou eles são incentivados pela Amazon a ten-

---

49. Jason Kelley & Matthew Guariglia, "Amazon Ring Must End Its Dangerous Partnerships with Police", Electronic Frontier Foundation, 10 jun. 2020.

tar fazer uma venda?".[50] Além disso, a Ring está pondo palavras diretamente na boca da polícia: a Amazon, "uma grande corporação multinacional cujo objetivo é maximizar os lucros, dita o que sua delegacia de polícia local pode ou não dizer a respeito da eficácia ou da necessidade da Ring". Por meio de uma série de apetrechos e mensagens pré-prontas, a Amazon está transformando as forças policiais em vendedores. A Ring já incentiva em excesso a cultura de desconfiança entre os vizinhos. E um acordo que transforma policiais em vendedores de uma única corporação multinacional é bastante suspeito.

A Ring está longe de ser a parte mais sofisticada do portfólio de vigilância da Amazon. Em 2016, a corporação lançou um software em nuvem de reconhecimento facial com um nome que parece saído de um livro ruim de ficção científica: Rekognition. De acordo com a Amazon, ele

> facilita o processo de adicionar análises de imagem e vídeo aos seus aplicativos usando tecnologia comprovada, altamente escalável, de aprendizado profundo e que não requer expertise para ser usado. Com o Amazon Rekognition, você pode identificar objetos, pessoas, textos, cenas e atividades em imagens e vídeos, bem como detectar qualquer conteúdo inapropriado. O Amazon Rekognition também fornece análises faciais altamente precisas e recursos de pesquisa facial, que você pode usar para detectar, analisar e comparar rostos numa ampla variedade de situações, como verificação de usuários, contagem de pessoas e segurança pública.[51]

---

50. Matthew Guariglia, "Five Concerns about Amazon Ring's Deals with Police", Electronic Frontier Foundation, 30 ago. 2019.
51. Abhishek Mishra, *Machine Learning in the AWS Cloud: Add Intellegence to Applications with Amazon SageMaker and Amazon Rekognition*. Nova York: Sybex, 2019.

Segundo a Aclu, "essas ferramentas não funcionam como diz a propaganda e ameaçam nossos direitos de privacidade e nossas liberdades civis".[52] Embora o Rekognition tenha sido amplamente implementado — apesar de ser difícil ter uma noção precisa de seu alcance, dado o notório sigilo da Amazon —, há preocupações de que ele não seja tão eficaz quanto prometido. Um teste realizado pela Aclu descobriu que o Rekognition identificou de forma incorreta 28 membros do Congresso. Em vez de políticos, o software atribuía suas identidades a rostos de criminosos. Isso é preocupante, é claro: embora não haja dano algum aos congressistas nesse teste inocente da Aclu, não dá para dizer o mesmo de alguém preso e acusado com base numa combinação falsa de reconhecimento facial. Ainda mais alarmante: foi desproporcional o número de rostos de pessoas negras classificados como incompatíveis no teste da Aclu.[53] O sistema judicial já coloca os negros como alvo de forma desproporcional. Se as suas ferramentas de reconhecimento facial fazem o mesmo, distorcem ainda mais um sistema já distorcido. Apesar das provas de que o Rekognition é falho, a Amazon força o seu uso, incluindo o software como peça central de contratos com todos os tipos de agências estatais, inclusive a ICE, como forma de identificar imigrantes.[54]

A Amazon tem dois métodos para corroer a privacidade da forma como a conhecemos: as campainhas com vídeo da Ring e a tecnologia de reconhecimento facial do Rekognition. E receio

---

52. Amrita Khalid, "Microsoft and Amazon Are at the Center of an Aclu Lawsuit on Facial Recognition", *Quartz*, 4 nov. 2019. [Aclu é o acrônimo para American Civil Liberties Union, organização em prol dos direitos humanos e da igualdade racial que teve protagonismo durante o movimento por direitos civis, nos anos 1960. — N.E.]

53. Jacob Snow, "Amazon's Face Recognition Falsely Matched 28 Members of Congress With Mugshots", American Civil Liberties Union, 28 jun. 2019.

54. Drew Harwell, "Amazon Met with ICE Officials over Facial-Recognition System That Could Identify Immigrants", *The Washington Post*, 23 out. 2018.

que elas acabem se tornando uma coisa só. Já é preocupante que milhões de casas estejam conectadas a uma rede extrajudicial de vigilância por vídeo, mas ainda mais aterrorizante é a possibilidade de que essas câmeras se conectem à tecnologia de reconhecimento facial. Elas poderiam enviar dados do sistema — que, na melhor das hipóteses, é impreciso quando se trata de pessoas negras — às delegacias de polícia, que têm reconhecidamente os negros como alvo. Se a Amazon equipar as campainhas da Ring com tecnologia de reconhecimento facial, é fácil imaginar os negros sendo ainda mais vitimados pela polícia. E há evidências de que isso está em pauta para a empresa: veio a público um memorando de abril de 2020 dizendo que a Amazon enviou uma pesquisa aos testadores beta da campainha, perguntando do interesse em "novos recursos potenciais para a Ring, incluindo [...] detecção facial e de placas de carros".[55] Além disso, na conferência Consumer Electronics Show (CES) de 2020, realizada em Las Vegas, um dos eventos de tecnologia mais influentes do mundo, Dave Limp "aludiu a um futuro no qual as câmeras Ring poderiam usar a tecnologia de reconhecimento facial da Amazon".[56]

A relação entre tecnologia, delegacias de polícia e privacidade ganhou um novo sentido de urgência no final da primavera de 2020, depois que o policial de Mineápolis Derek Chauvin matou George Floyd, um homem negro desarmado, ajoelhando-se sobre o seu pescoço por 8 minutos e 46 segundos. De repente, o fim da polícia ou do seu financiamento deixaram de ser ideias radicais e foram projetadas ao centro do debate nacional. Naturalmente, a tecnologia de reco-

---

55. Kate Cox, "Leaked Pics from Amazon Ring Show Potential New Surveillance Features", *Ars Technica*, 22 abr. 2020.

56. Lauren Goode & Louise Matsakis, "Amazon Doubles Down on Ring Partnerships with Law Enforcement", *Wired*, 7 jan. 2020.

nhecimento facial, com sua tendência a priorizar cidadãos negros e sua proximidade com o sistema policial, passou por um escrutínio ainda maior. Mesmo antes do viés racista da lei reemergir, em 2020, a Aclu "argumentou que [o reconhecimento facial] representava uma ameaça particularmente 'grave às comunidades, incluindo pessoas negras e imigrantes', em concordância com estudos que mostraram que o software de reconhecimento facial frequentemente identifica as pessoas negras de forma incorreta".[57] Em resposta ao novo debate a respeito de como a polícia vitima pessoas negras, a IBM abandonou permanentemente suas iniciativas de reconhecimento facial: o CEO declarou que a empresa "se opõe firmemente a qualquer tecnologia, incluindo a tecnologia de reconhecimento facial oferecida por outros fornecedores, que vise à vigilância em massa, à discriminação racial, [ou] às violações da liberdade e dos direitos humanos básicos".[58] A Amazon seguiu o exemplo da IBM em sua renúncia apaixonada ao reconhecimento facial? Ora, eles pararam de permitir que a polícia fizesse uso dessa ferramenta. Mas só por um ano.[59] Nas três semanas seguintes ao assassinato de George Floyd, ao mesmo tempo que se esquivava das balas contra o reconhecimento facial, a Amazon inscreveu mais 29 delegacias de polícia em sua parceria com a Ring.[60] Ao ter a chance de reavaliar seu papel na violência que a polícia perpetua contra as pessoas negras, a Amazon continuou a expandir seu programa perigoso.

---

57. Rana Foroohar, *op. cit.*, p. 240.

58. John Naughton, "Silicon Valley Has Admitted Facial Recognition Technology is Toxic — About Time", *The Guardian*, 13 jun. 2020.

59. Karen Weise & Natasha Singer, "Amazon Pauses Police Use of Its Facial Recognition Software", *The New York Times*, 10 jun. 2020.

60. Emily Birnbaum, "Amazon's Ring Has 29 New Police Agreements since the Killing of George Floyd", *Protocol*, 12 jun. 2020.

Não é sem oposição que a Amazon lança seus tentáculos sobre a vigilância e o sistema policial. Na verdade, boa parte das informações contidas neste capítulo não foi oferecida pela Amazon. Ativistas e jornalistas obstinados conseguiram acesso a elas por meio de apuração árdua e de solicitações feitas pela Freedom Of Information Act.[61] Mas há sinais de que esse tipo de pressão funciona. A partir de 2019, a Universidade da Califórnia em Los Angeles (UCLA) começou a cogitar o uso de um software de reconhecimento facial nas câmeras de segurança do campus. O plano, porém, foi abandonado no início de 2020, diante da pressão de um grupo de defesa chamado Fight for the Future [Lute pelo futuro].[62] Parte da resistência do Fight for the Future surgiu de testes que o grupo executou com o software Rekognition, da Amazon. Esses testes descobriram que o Rekognition "identifica incorretamente os rostos de pessoas negras com as fotos de outras pessoas".[63] Os próprios trabalhadores da Amazon também trouxeram suspeitas sobre o software. Em junho de 2018, uma coalizão de funcionários escreveu uma carta a Jeff Bezos exigindo que ele se afastasse das negociações com a ICE: "Nos recusamos a construir a plataforma que alimenta a ICE, e nos recusamos

---

61. A lei de liberdade de informação dos Estados Unidos prevê que qualquer cidadão tem o direito de solicitar acesso a registros ou informações de agências federais, exceto quando protegidos por qualquer uma das nove isenções contidas na lei ou por uma das três exceções especiais. É similar à Lei de Acesso à Informação do Brasil. [N.T.]

62. Edward Ongweso Jr., "UCLA Abandons Plans to Use Facial Recognition after Backlash", *Vice*, 19 fev. 2020.

63. Laura Hautala, "UCLA Cancels On-Campus Facial Recognition Program after Backlash", *CNet*, 19 fev. 2020.

a contribuir com ferramentas que violam os direitos humanos".[64] De forma típica, a Amazon se esquivou de esclarecer o que exatamente ela faz para a ICE, e por isso não está claro se o Rekognition acabou fazendo parte da parceria.[65] Embora os protestos de funcionários da UCLA e da própria Amazon sejam exemplos eficazes de resistência, a megacompanhia ainda está determinada a garantir grandes contratos com o governo, e a vigilância baseada no reconhecimento facial faz parte desse esforço. Se não estivesse de olho no governo, por qual outro motivo Jeff Bezos estaria reformando uma mansão luxuosa com um enorme salão de baile na capital dos Estados Unidos, Washington?

Enquanto está de olho no governo e na porta das casas, a Amazon já tem os ouvidos dentro de milhões de residências. Em 2014, a empresa lançou o Echo, um "smart speaker" que carrega o aplicativo Alexa, uma "assistente digital" com quem você pode conversar. Alexa pode tocar música, acender e desligar luzes, responder perguntas e — é claro — comprar coisas da Amazon para você. É um truque divertido e parece uma visão emocionante de um futuro à la Jornada nas Estrelas: um computador falante! Mas Jeff Bezos e sua equipe levam isso muito a sério: estima-se que 10% do orçamento anual de pesquisa e desenvolvimento da corporação seja destinado aos dez mil funcionários da divisão Alexa. Em última análise, a Alexa "foi projetada para ser uma companheira sempre presente, de

64. Kate Conger, "Amazon Workers Demand Jeff Bezos Cancel Face Recognition Contracts with Law Enforcement", Gizmodo, 21 jun. 2018.
65. Paige Leskin, "Amazon's Public Policy Exec Got Booed in a Meeting with New York Council Members when He Evaded a Question about the Company's Business with Immigration Agencies", Business Insider, 12 dez. 2018.

modo que os usuários sejam sugados cada vez mais profundamente para o vórtice da Amazon".[66]

Uma vez que a Alexa te suga para o vórtice da Amazon, ela não solta mais. A questão de saber se a Alexa está "sempre ouvindo" é importante, e em grande parte não está resolvida. Em *Don't Be Evil*, Rana Foroohar escreve: "Ao mesmo tempo que se contestam os relatórios indicando que a Alexa e a Siri estão 'escutando' conversas e telefonemas, não há dúvidas de que elas podem escutar cada palavra que você diz".[67] Muitos trouxeram dúvidas e preocupações a respeito da frequência exata com que a Alexa escuta, e o que isso significa.[68] Mesmo irregularidades, como ataques de risos surpreendentes da Alexa saídos aleatoriamente dos alto-falantes Echo, mostram quão imprevisíveis são esses dispositivos.[69] Apesar do fato de que "a Amazon, em seus documentos de marketing e política de privacidade, não diz explicitamente que humanos estão ouvindo" o que você diz ao aparelho, não é bem esse o caso. Integrantes humanos da equipe da Alexa ouvem gravações "feitas nas casas e nos escritórios dos proprietários da Echo. As gravações são transcritas, registradas e depois devolvidas ao software" a fim de melhorar a inteligência artificial da Alexa.[70] Quando alguém compra uma Alexa, não é alertado com clareza de que seres humanos podem ouvir o que é dito na presença de seu Echo. Mas é isso o que acontece.

---

66. Brian Dumaine, *Bezonomics: How Amazon Is Changing Our Lives and What the World's Best Companies Are Learning from It*. Nova York: Simon & Schuster, 2020, p. 110-1.

67. Rana Foroohar, *op. cit.*, p. 17.

68. Jeb Su, "Why Amazon Alexa Is Always Listening To Your Conversations: Analysis", *Forbes*, 16 maio 2019.

69. Mark Wilson, "Alexa's Creepy Laughter Is a Bigger Problem than Amazon Admits", *Fast Company*, 10 jul. 2018.

70. Matt Day, Giles Turner & Natalia Drozdiak, "Is Anyone Listening to You on Alexa? A Global Team Reviews Audio", *Bloomberg Law*, 11 abr. 2019.

Uma coisa é certa: a Amazon registra e armazena tudo que você diz à Alexa, e os funcionários humanos podem acessar todo esse material. O repórter da BBC Leo Kelion fez um pedido à Amazon para que a empresa mostrasse a ele todos os dados que tinha sobre si. O que encontrou foi impressionante: "O nível de detalhe é, em alguns casos, estarrecedor", escreve. Para começar, estavam salvos todos os 31.082 pedidos feitos pela família dele à Alexa, incluindo alguns trechos de áudio. Sua filha pediu para tocar "Let it Go" [trilha do longa-metragem *Frozen*] 48 vezes — agora a Amazon pode direcionar anúncios para ela. Também foram salvas "2.670 pesquisas de produtos, com mais de 60 colunas suplementares para cada uma, informando qual dispositivo eu estava usando, em quantos itens cliquei posteriormente e uma série de números que sugerem minha localização". A Amazon acompanha cada clique, gesto e movimento feito pelo cliente em qualquer um de seus espaços, e armazena esses dados. Isso é central para a missão da empresa. O ex-executivo da Amazon James Thompson é um de muitos quando diz que "por acaso eles vendem produtos, mas são uma empresa de dados".[71]

Ainda que a Amazon prometa usar seus dados apenas para fins confiáveis, a estrondosa quantidade de dados coletados é motivo de preocupação. Além disso, há indícios de que não há cuidado com as informações — um cliente alemão que solicitou seus dados à empresa recebeu, em vez disso, 1.700 gravações de voz de um completo desconhecido. O perfil construído pelos dados era tão óbvio que jornalistas foram capazes de identificar esse desconhecido apenas com base nas gravações da Alexa.[72]

---

71. Leo Kelion, "Why Amazon Knows So Much about You", BBC News, 2020.
72. Nick Statt, "Amazon Sent 1,700 Alexa Voice Recordings to the Wrong User Following Data Request", The Verge, 20 dez. 2018.

O que se infere desses hábitos de observação e escuta é que Amazon é uma empresa obcecada em coletar dados de seus clientes. Seu mote constante é que eles são obcecados por clientes, mas sua obsessão não tem apenas o propósito de garantir que os clientes estejam felizes. Eles estão obcecados em ser capazes de ouvir os clientes e gravar o que eles dizem nas suas próprias casas. Eles querem ter uma imagem em alta definição da porta de entrada das casas dos clientes. Segundo a Amazon, tudo isso é feito em nome da segurança e da conveniência do cliente. A companhia de Bezos quer que os clientes confiem seus dados a ela, apontando essas boas intenções como evidência. Mas vale a pena ter em mente duas coisas que sabemos sobre a Amazon: os dados são extremamente rentáveis para ela, e ela é incrivelmente implacável em conseguir o que quer. Ela quer te vigiar e ouvir para te manter seguro ou para te transformar em fonte de mais lucro?

À medida que a Amazon continua a expandir a capacidade da Alexa, surgem indícios crescentes que confirmam a segunda opção. No final de julho de 2020, a empresa começou a lançar um recurso bastante alardeado chamado "Hunches" [Palpites], no qual a Alexa faz perguntas ao usuário, em vez do contrário. Se a Alexa não tiver de esperar que os humanos a ativem para coletar dados sobre os consumidores, a Amazon será capaz não só de monetizar nossos dados com muito mais facilidade mas também de se intrometer ainda mais no cotidiano dos clientes. Imagine quantas informações poderiam ser coletadas se você passasse o dia todo conversando com a Alexa. Esse pode ser o objetivo, já que eles desenvolvem maneiras de colocar a Alexa no seu carro e em outros lugares além da sua casa. Tudo isso "significa que o ciclo de feedback instantâneo, dentro do qual a Amazon pode lançar novos recursos, testá-los e receber dados imediatos de resposta dos clientes, só cresce em termos de valor para a Amazon".[73] A companhia não mostra sinais de estar desacelerando esforços para ganhar dinheiro com dados, e eles nunca são claros com relação às regras desse jogo lucrativo.

Veja a base que a Amazon está construindo: garantir que os governos em todos os níveis dependam de seus produtos e serviços. Uma enorme rede de vigilância privada de vídeo e áudio. De maneira surpreendente, as pessoas não estão sendo forçadas a aceitar essa rede de vigilância; elas estão embarcando e *pagando por isso*. Por enquanto, suas intenções — segundo a própria Amazon, pelo menos — são boas. Mas considere o que acontecerá se todas essas peças se encaixarem. Podemos confiar numa empresa dissimulada e implacável como essa, com ferramentas tão poderosas? Como David Priest escreve para a *CNet*: "Talvez, da mesma forma como gastamos horas em nossos celulares todos os dias, cheguemos a um novo normal sem jamais ter pensado seriamente a respeito da rota que tomamos, do destino à frente. Ou talvez a hora de pensar em tais coisas seja agora".[74]

---

73. David Priest, "Alexa Is Starting To Ask Questions. How Should We Respond?", *CNet*, 8 ago. 2020.
74. *Idem*.

INTERLÚDIO 5

PARCERIAS COM AUTORES

Bryn Greenwood pode contar histórias de arrepiar os cabelos. Ela tem o número de celular de várias pessoas que vestem armaduras completas com regularidade. A *Vogue* chamou Bryn Greenwood de "joia cultural secreta". Ela é aquela pessoa de mangas compridas e de preto dos pés à cabeça na foto de férias da família. Bryn Greenwood é uma das "nossas" autoras. O relacionamento que temos com Bryn representa o melhor que pode existir nas relações entre autores e livrarias, e que a Amazon não tem interesse algum em cultivar.

Não há cerimônia de bar mitzvá quando alguém passa de "um autor local" a "um dos nossos autores". Acontece de maneira diferente com cada um. Com Bryn, foi assim: fizemos uma festa de lançamento para o livro *All the Ugly and Wonderful Things* [Todas as coisas feias e maravilhosas], seu terceiro romance, mas o primeiro lançado por uma grande editora. Bryn mora em Lawrence, e sempre que possível fazemos festas de lançamento para os autores que vivem aqui. A festa foi ótima: recebemos cerca de cinquenta pessoas e vendemos 20 ou 25 livros. Nos meses seguintes, o livro começou a vender mais. As pessoas contavam umas às outras sobre a história emocionante e seus personagens inesquecíveis. Esse boca a boca criou uma grande comunidade on-line de fãs de Bryn. Os fãs começaram a perguntar a ela onde conseguir exemplares autografados. Provavelmente por sermos a livraria mais próxima da casa dela, Bryn começou a indicar nosso site às pessoas. Nós a avisaríamos quando os pedidos chegassem, para que ela viesse autografá-los. O esquema de pedidos on-line das cópias autografadas dos livros de Bryn se tornou um negócio estável e, em algum ponto desse processo, viramos a livraria "dela" e ela virou uma das "nossas" autoras. Não posso precisar quando isso aconteceu, mas garanto que pularíamos na frente de um trem por Bryn. É por isso que sua nova foto de divulgação nos deixa tão nervosos — é literalmente Bryn em frente a um trem vindo na sua direção.

Escrever um livro é um esforço solitário, fruto de longas horas consigo mesmo, muitas delas repletas de dúvidas. Os momentos em que um escritor emerge da caverna escura da escrita para o mundo luminoso da divulgação do livro pode ser semelhante a sair de uma sala de cinema ao meio-dia. Por que o Sol é tão brilhante? No caso de Bryn, ela começou a divulgação do seu novo romance, *The Reckless Oath We Made* [O juramento imprudente que fizemos], no encontro da Midwest Independent Booksellers Association [Associação de livreiros independentes do Meio-Oeste] em Decorah, Iowa, na primavera de 2019. Foi divertido para nós, da Raven, ver os nossos amigos de outras livrarias descobrirem o que já sabíamos a respeito de Bryn: que ela é uma grande palestrante, uma pessoa hilária e que seus livros contam histórias que importam sobre pessoas típicas do Meio-Oeste. Tenho boas lembranças do pós-festa com Bryn, um grupo de pessoas do evento e basicamente toda a equipe da Dragonfly Books, todos sentados ao redor de cervejas e pizza na Toppling Goliath Brewing Company. A cerveja era ótima, a comida era boa e os laços entre autores e livreiros se estreitavam. Em algum momento dessa alegria etílica, Bryn me disse que gostaria de fazer uma campanha de pré-venda para *Reckless Oath* na Raven.

Pré-vendas são muito importantes. Todo mundo fala isso, e é verdade. Cada pré-venda é somada ao número final de vendas da primeira semana de um livro. Se um livro vende quinhentas cópias em sua primeira semana, mas teve mil pedidos na pré-venda, as vendas da primeira semana triplicam. A sabedoria popular diz que a primeira semana de um livro é sua melhor chance de entrar na lista de mais vendidos do *New York Times*. Os números da pré-venda são um fator decisivo, assim como as aparições na mídia na primeira semana e a turnê do livro. Um título que entra na lista do *New York Times* tem mais chances de permanecer nela. Os best-sellers do jornal têm vendas muito melhores do que outros livros. Para muitos clientes, essa lista é uma das maiores validações que um livro pode ter.

Do ponto de vista bem mais pragmático da livraria, há um bom dinheiro em jogo nas pré-vendas. É um trabalho árduo apagar a impressão das pessoas de que a Amazon é o único lugar para pré-vendas, mas, se você conseguir, é uma boa maneira de vender 25 ou 30 cópias a mais de um livro. É, de fato, uma grande ajuda quando uma autora como Bryn Greenwood diz aos fãs para encomendarem a pré-venda do seu novo livro de você, e não de qualquer outro lugar. Melhor ainda é quando o autor oferece um bônus. Um mês depois do encontro em Decorah, Bryn e eu almoçamos no Ladybird Diner, do outro lado da rua (parte da razão pela qual eu amo tanto essa história é que todos os restaurantes mencionados são excelentes). Enquanto devorávamos nossos cheeseburgers, Bryn expôs seu plano: durante a pré-venda, ela diria aos seus fãs da internet para encomendarem na Raven seus exemplares de *The Reckless Oath We Made*. Ela criaria belos marcadores com selos de cera personalizados. A única maneira de obter um exemplar autografado com esse marcador elegante seria pela pré-venda por meio do site da Raven. Vamos ver a Amazon tentar fazer isso.

Vendemos 48 cópias na pré-venda. Não são números de best-sellers do *New York Times*. Nenhuma faixa laranja de "Best-Seller n° 1" aparecerá ao lado do título do seu livro depois de vender apenas 48 cópias. Mas, quer saber? *The Reckless Oath We Made* era um best-seller número um *aqui* antes mesmo de ser lançado, e foi número um na atualização seguinte que fizemos da prateleira de best-sellers após a sua publicação, e isso antes mesmo da festa de lançamento, que também foi na Raven. Como Bryn estava tão entusiasmada em trazer as vendas para nós, estávamos motivados a dar uma grande festa para ela. Teve bolo. E cavaleiros também. Isso vai fazer sentido depois que você ler o livro dela.

Além da parceria com Bryn na campanha de pré-venda, estávamos animados com esse livro porque ele retrata uma vida ignorada por grande parte da ficção literária de Nova York. Não são estudantes numa oficina de escrita criativa (quantas histórias do Iowa Writers Workshop vamos ter este ano?). Não é a lenta dissolução de uma família com uma casa de praia. Os livros de Bryn são povoados por pessoas azaradas, que às vezes tomam decisões ruins, mas sempre profundamente realizadas. Elas são da classe trabalhadora. Elas são condenadas por crimes. Elas são acumuladoras. Elas têm transtornos mentais e dor crônica. Elas lutam por dinheiro. Bryn as pinta com carisma, mas não lhes dá passe livre para a santidade. Suas personagens ainda se apaixonam e fazem coisas emocionantes mesmo que nunca tenham entrado num metrô (embora talvez tenham comido num Subway).

E adivinha só? O livro de Bryn está indo bem nesta livraria do interior do país. Talvez devêssemos pensar no Kansas antes de pensarmos em Nova York. Bryn entrou na loja para assinar as 48 cópias e tirei uma foto da assinatura dela. Ela mencionou que, embora fosse uma sombra distante das fotos que ela já viu de autores estreantes assinando cópias em salões de conferência brilhantes, no 40º andar de um arranha-céu de Manhattan, autografar aquela pilha de livros a fez se sentir uma figura influente. Eu disse a ela para esquecer os arranha-céus: ela já era uma best-seller aqui. Espero que ela tenha se sentido vista e admirada da mesma forma como nos sentimos vistos e admirados cada vez que ela diz a um fã distante para comprar seu livro conosco. Daqui a algumas semanas, Bryn pode entrar aqui e ver seu livro em primeiro lugar na nossa prateleira de best-sellers. Best-seller número um na livraria *dela*. Podemos não ter uma vista de Lower Manhattan — nem sequer temos uma vista —, mas há um restaurante ótimo do outro lado da rua.

CAPÍTULO 5

O PROBLEMA DE SER A LOJA DE TUDO

A Amazon já sonhou em ser a loja de tudo, mas agora dá sinais de que não está mais tão interessada nisso. Com seu poder e influência descomunais, qualquer decisão tomada pela companhia de Jeff Bezos lança ondas sísmicas por toda a economia dos Estados Unidos. Nesse caso, porém, há mais em jogo. As decisões sobre o que a Amazon vende podem ter consequências de vida ou morte.

Minha mãe estava muito orgulhosa: eu havia sido citado no *New York Times*. David Streitfeld havia publicado uma reportagem intitulada "In Amazon's Bookstore, No Second Chances for the Third Reich" [Na livraria da Amazon, não há segunda chance para o Terceiro Reich]. Ele descobriu meu zine *How To Resist Amazon and Why* e me entrevistou para conhecer um ponto de vista contrário à Amazon. Com um bônus: ele até mencionou o zine no texto. Na versão digital da reportagem, há um link que leva até a página de venda do zine na Amazon. Falo com frequência de como os links em matérias jornalísticas permitem o monopólio de Bezos na venda de livros on-line. Ainda assim, só por diversão, cliquei no link para a página do meu zine. Sempre me divirto com a ironia de vê-lo disponível lá. Mas dessa vez notei algo diferente: a Amazon parou de oferecer o zine por venda direta. Muitas vezes pode ser difícil distinguir se a venda é feita diretamente por ela ou por um vendedor terceirizado; a venda direta se identifica pela presença da frase "Enviado e vendido por Amazon.com". Essa frase havia sido apagada da página que comercializa meu zine.

Antes da matéria de Streitfeld ser publicada, sempre que por acaso eu abria a página do zine na Amazon, havia um botão de venda direta. Curiosamente, o prazo de entrega era "geralmente de um a dois meses". A razão para isso, de acordo com um e-mail do CEO da Microcosm Publishing, Joe Biel, é "a logística da cadeia de transporte". Num esforço para impedir que a Amazon dite os termos da venda, a Microcosm não vende diretamente para a empresa. Se um título da Microcosm estiver disponível como "venda direta" na Amazon, quer dizer que esses dados foram retirados de um banco geral de publicações para que a página fosse criada. A Amazon então encomenda um estoque do livro de algum dos lugares pelos quais a Microcosm vende, como a Ingram. No caso do meu zine, a Ingram foi ficando frequentemente sem estoque à medida que *How To Resist Amazon and Why* se popularizou, o que tornou lentos os prazos de entrega da Amazon. Da última vez que verifiquei, por algum motivo, a venda direta nem era mais uma opção. Havia apenas alguns vendedores terceirizados, com nomes como "SuperBookDeals", oferecendo principalmente cópias usadas do zine por valores bem acima do seu preço de capa sugerido — 4,95 dólares. Em algum momento, a Amazon decidiu parar de oferecer o zine diretamente.

No Twitter, o próprio Streitfeld escreveu: "Difícil acreditar que a Amazon desligaria o livro de alguém só porque eu o citei num artigo, mas também difícil chegar a qualquer outra conclusão nesse contexto. Entrei em contato com a empresa para conseguir algum comentário, mas, até agora, silêncio". Biel escreveu num e-mail: "É difícil não interpretar isso como um ato de punição".

Não sei quando exatamente o botão de venda direta do zine desapareceu. Já verifiquei inúmeras vezes a página dele na Amazon, mas não a cada dez minutos, e não tenho uma captura de tela do minuto exato em que o botão sumiu. Ainda assim — e essa é a questão —, nem eu nem a Microcosm recebemos qualquer informação sobre a decisão da Amazon. Segundo Biel, "a Amazon não se comunica de forma alguma. Como editor, você literalmente tem que pagá-los para que se comuniquem com você". Até mesmo a Raven tem uma lista de políticas para a curadoria dos livros nas nossas prateleiras, e dividimos essa informação com os autores que desejam que vendamos suas obras.

Mas as decisões da Amazon têm muito, muito mais consequências do que as decisões da Raven, e são muito mais difíceis de analisar. A reportagem de Streitfeld expõe um grande problema da grande varejista: eles tentam passar de um modelo de "vendemos qualquer coisa" para "estamos nos livrando de coisas inadequadas ou perigosas". E parecem estar se esforçando ao máximo para fazer essa transição em segredo. O resultado é um processo nebuloso e aparentemente volátil, com implicações perturbadoras para a liberdade de expressão. Quando se trata de uma empresa do tamanho da Amazon, argumentos como "as empresas privadas podem vender ou não vender o que bem entenderem" não têm muito fundamento.

Se a Amazon é grande o suficiente para moldar as trajetórias dos governos (falarei mais a respeito adiante), é também grande o suficiente para moldar a trajetória da liberdade de expressão. Pessoalmente, posso dizer que estou de olho.

Mesmo que a identidade da Amazon esteja mudando de "vendemos qualquer coisa" para "vamos tentar não vender coisas perigosas", ela ainda se vê, definitivamente, como plataforma e concorrente nessa plataforma. Como discutido em outras partes deste livro, essa dualidade plataforma/concorrente cria uma concorrência desleal. Ela também impossibilita o controle dos itens nas suas prateleiras virtuais. No passado, a Amazon não demonstrou interesse algum em controlar o que aparece nas prateleiras, recorrendo ao seu clássico argumento dos terceirizados. Ela pode até chegar a dizer algo como "não são *nossas* prateleiras, as prateleiras pertencem a vendedores terceirizados". Mas o banner no topo da página ainda diz Amazon. A caixa enviada diz Amazon. A van e a camiseta do motorista podem dizer Amazon. E a coisa dentro da caixa pode ser mortal.

Uma reportagem bombástica do *Wall Street Journal* de 2019 chama a atenção de forma drástica para os problemas de falsificação na megavarejista. Os repórteres Alexandra Berzon, Shane Shifflett e Justin Scheck descobriram que "4.152 itens à venda no site Amazon.com foram declarados inseguros por agências federais, por estarem rotulados de forma enganosa ou serem proibidos por regulamentações federais".[75] Mas não é uma questão de simples pirataria: mais de dois mil desses itens representam riscos à saúde das crianças. A recusa da Amazon em fiscalizar o que está à venda em seu marketplace pode ser mortal. O empenho de ser a loja de tudo significa que você pode comprar algo na Amazon que pode prejudicar ou matar

---

75. Alexandra Berzon, Shane Shifflett & Justin Scheck, "Amazon Has Ceded Control of Its Site. The Result: Thousands of Banned, Unsafe or Mislabeled Products", *The Wall Street Journal*, 23 ago. 2019.

você ou seus entes queridos, e a varejista é lenta e dissimulada demais para fazer qualquer coisa a respeito.

Quando falo de resistir à Amazon para os clientes da Raven, a disponibilidade de produtos falsificados raramente é o que incomoda as pessoas. Elas lamentam que a megacorporação esteja levando as livrarias independentes à falência. Elas reviram os olhos, estarrecidas com quão pouco a gigante varejista paga em impostos federais. Mas ninguém parece se incomodar com o contrabando. Garanto: esse é um aspecto altamente perigoso dos negócios da Amazon, e me aterroriza. Não se trata apenas de uma empresa tentar proteger seus direitos autorais; na verdade, a presença de mercadorias falsificadas na Amazon pode ser uma questão de vida ou morte.

A investigação do *Wall Street Journal* é chocante. Os repórteres encontraram brinquedos para crianças com níveis de chumbo que excedem os limites federais. Encontraram produtos para bebês reprovados nos testes de segurança. Encontraram kits de brinquedos feitos com ímãs de alta potência, que estão banidos há anos porque, se engolidos, podem rasgar as paredes dos órgãos internos.

Um homem chamado Albert Stokes morreu num acidente de moto usando um capacete comprado na Amazon. A mãe de Stokes culpa a empresa pela morte de seu filho, pois na Amazon havia a indicação de que o capacete era seguro e estava de acordo com as normas do Departamento de Transportes dos Estados Unidos, quando, na verdade, havia sofrido um *recall* por descumpri-las. A Amazon encerrou o caso com um acordo de cinco mil dólares, sem admitir a culpa. Sua justificativa? Segundo a empresa, "*a Amazon* não vendeu o capacete, apenas forneceu uma plataforma para o vendedor disponibilizá-lo". É outro exemplo do procedimento-padrão: usar o marketplace de terceirizados para evitar a responsabilidade pelas consequências de suas decisões de negócios.

Apesar de sua recusa em assumir a responsabilidade, a Amazon retirou o capacete da loja em silêncio, bem como centenas de outros produtos sobre os quais o *Wall Street Journal* alertou na sua investigação. No entanto, "duas semanas após a Amazon retirar ou ajustar as páginas com os itens problemáticos identificados pelo *Journal*, pelo menos 130 itens com as mesmas violações de políticas reapareceram em páginas diferentes, alguns vendidos pelos mesmos fornecedores apontados anteriormente pelo *Journal*". A abordagem da empresa com relação aos produtos perigosos que ela comercializa equivale a tapar o sol com uma peneira. Nisso ela não é muito boa.

A Amazon é uma marca na qual as pessoas depositam confiança. É considerada a terceira entidade mais confiável do país, segundo um estudo; mais confiável que a Oprah, a polícia, os alertas meteorológicos e os professores.[76] Naturalmente, essa confiança se estende a tudo que você pode comprar por meio da Amazon.com. Mas a suposição de que todos os aspectos da Amazon sejam confiáveis é incorreta, e pode levar a ferimentos graves ou, em alguns casos, à morte. No início do surto de coronavírus, em 2020, o sistema de autopublicação do Kindle permitiu a disponibilização rápida de livros perigosos sobre a covid-19. O método escolhido para eliminar esse material — tapar o sol com a peneira — fracassou, mais uma vez, em proteger os clientes, enquanto muita desinformação nociva e suspeita se espalhava pelas páginas da varejista. Espelhando a decisão anterior de remover conteúdo nazista, a Amazon começou a remover os e-books sobre o coronavírus na surdina (e sem admitir irregularidades ou fornecer transparência no processo). Mas esse método leva a um trabalho infindável. Louise Matsakis, repórter da *Wired*, ainda encontrou na

---

76. P.J. Bednarski, "USPS, Amazon, Google, PayPal Most Trusted Brands", *MediaPost*, 13 jan. 2020.

plataforma setecentos títulos suspeitos a respeito do coronavírus. Ela escreveu: "Muitos desses livros parecem autopublicados e de baixa qualidade",[77] com problemas que vão do plágio desbragado a teorias da conspiração que se fazem passar por verdades. Independentemente de quanto tente controlar essas fontes de desinformação, a Amazon não deixa de ser cúmplice na disseminação de produtos e informações perigosos.

A presença de produtos falsificados está longe de ser o único problema do marketplace terceirizado da Amazon. Por ser tanto uma plataforma de e-commerce quanto uma concorrente dentro da plataforma, a companhia conta com uma vantagem injusta sobre cada vendedor externo, e abusou desse poder. Uma investigação do *Wall Street Journal*, em 2020, descobriu que os "funcionários da Amazon usaram os dados de vendedores independentes na plataforma da empresa para desenvolver produtos concorrentes", embora a megacorporação há muito afirme que "não usa informações coletadas dos vendedores terceirizados do site".[78] A reportagem entrevistou mais de vinte ex-funcionários, que revelaram que a Amazon, enquanto marca privada, usou informações de seus vendedores terceirizados para decidir tudo, desde "como precificar um item, quais recursos copiar ou se deveria entrar num segmento com base em seu potencial de lucro". É um exemplo perfeito do abuso de poder possibilitado pelo sistema de marketplace terceirizado da gigante varejista: ela diz que

---

77. Louise Matsakis, "Amazon Quietly Removes Some Dubious Coronavirus Books", *Wired*, 11 mar. 2020.
78. Dana Mattioli, "Amazon Scooped Up Data From Its Own Sellers to Launch Competing Products", *The Wall Street Journal*, 23 abr. 2020.

fornece uma plataforma para pequenas empresas venderem on-line, mas há sempre a ameaça de que a Amazon roube as ideias dessas pequenas empresas para usá-las em seus próprios produtos. Um documento produzido pela Amazon, intitulado "2019 Amazon SMB Report" [Relatório das pequenas e médias empresas na Amazon, 2019], afirma: "Nossa missão é trabalhar todos os dias para apoiar e promover as pequenas e médias empresas". No entanto, um dos principais meios que a companhia alega usar para promover esse apoio é o marketplace, que pode ser um veículo para explorar e abusar das pequenas empresas.

As empresas que vendem no marketplace da Amazon não enfrentam apenas o risco de ter seus dados particulares roubados; elas também sofrem com um sistema disciplinar punitivo e caprichoso para os vendedores terceirizados. A burocracia do marketplace é, em muitos aspectos, um governo por si só. Segundo o site *The Verge*, "para os vendedores, a Amazon é quase um Estado. Eles dependem de sua infraestrutura — seus armazéns, rede de transporte, sistemas financeiros e seu portal para milhões de clientes — e pagam impostos na forma de taxas. Eles também vivem com medo das regras, que mudam com frequência e são aplicadas de forma severa".[79] Dave Bryant, vendedor da Amazon e blogueiro, relatou ao *Verge*: "Os vendedores se preocupam mais com uma ação aberta dentro da Amazon do que no tribunal de verdade. A Amazon é o juiz, o júri e o carrasco". O processo de apelação para as ações disciplinares da empresa contra vendedores é sabidamente "secreto, volátil e muitas vezes aterrorizante". As punições são tão severas que se tornaram, de fato, parte implacável da competição: como é muito difícil revogar uma suspensão, os vendedores do marketplace muitas vezes sabo-

---

79. Josh Dzieza, "Prime and Punishment", *The Verge*, 19 dez. 2018.

tam os colegas, na esperança de que eles sejam suspensos. Uma maneira de fazer isso é comprar avaliações falsas para os produtos de seus concorrentes. Com isso, surgiu toda uma mini-indústria de advogados de apelação especializados na Amazon. O marketplace da empresa está se tornando uma economia e um governo por si só: ele já é, sozinho, o maior varejista on-line dos Estados Unidos, com mais que o dobro do tamanho da própria Amazon.[80] O problema de uma única empresa virar um governo por conta própria é que o governo de verdade não pode regulá-la: "É difícil para a legislação abarcar uma empresa que, em vez de monopolizar um mercado, tornou-se o próprio mercado".[81] O marketplace da Amazon é tão grande e poderoso que, por receio de perder vendas, muitas empresas sentem que não têm escolha a não ser aceitar a sabotagem, a imprevisibilidade e o medo de utilizar a plataforma. É algo grande demais para evitar. Não se trata de uma plataforma para apoiar as pequenas empresas, mas de um veículo para explorá-las e controlá-las.

No entanto, é difícil saber se o consumidor médio realmente consegue diferenciar quando está comprando da Amazon e quando está comprando de um desses vendedores terceirizados. Talvez a empresa goste disso, e oculte de propósito a origem de um produto. O Marketplace Pulse afirma: "O marketplace da Amazon é também o *player* mais negligenciado no e-commerce dos Estados Unidos. A Amazon não fala dele com frequência, os varejistas e as marcas estão focados na Amazon enquanto marca, e os consumidores não o veem graças ao programa Fulfilled by Amazon [Logística da Amazon] (FBA) e ao Prime. É impressionante o volume de vendas que o

---

80. Juozas Kaziukėnas, "Amazon Marketplace Is the Largest Online Retailer", Marketplace Pulse, 3 dez. 2018.
81. Josh Dzieza, "Prime and Punishment", *The Verge*, 19 dez. 2018.

atravessa de forma quase invisível".[82] De fato, as duas principais ferramentas para esse ocultamento são o FBA e o Prime. Como expliquei anteriormente, quando você encomenda um produto na Amazon, ele pode ser enviado de um de seus próprios armazéns ou de uma empresa terceirizada. Mas aqui fica complicado: esses vendedores terceirizados podem se inscrever no programa Fulfilled by Amazon para que os seus produtos sejam estocados e enviados a partir dos armazéns da companhia. De acordo com o *Verge,* "com o Fulfilled by Amazon, tudo o que os vendedores precisam fazer é enviar suas mercadorias para os armazéns da Amazon. A Amazon cuida do armazenamento e da entrega, e adiciona um rótulo do Prime ao produto, o que se traduz como uma promessa de frete grátis e rápido, além de lucro fácil". O FBA, é claro, tem um custo para as empresas. É mais uma maneira por meio da qual a Amazon aumenta sua enorme influência sobre os vendedores terceirizados. Hipoteticamente, também é possível que ela esconda os produtos dos terceirizados que não optem por arcar com os altos custos de ser FBA ou Prime.

O saldo final disso tudo é que a gigante varejista abocanha uma proporção impressionante de dinheiro de cada venda do marketplace. Um relatório pertinente de 2020 do Institute for Local Self-Reliance (ILSR) descobriu que as taxas cobradas dos vendedores externos vêm aumentando duas vezes mais rápido que a receita das vendas globais, e que, em média, a Amazon fica com 30% de cada venda do marketplace. Como referência, um ano muito bom na minha livraria significa um lucro de 5%, e muitas pequenas empresas operam com margens semelhantes. Ceder mais de 30% do valor das vendas impossibilitaria a sobrevivência de muitas pequenas empresas, o que, sem

---

82. Juozas Kaziukėnas, "Amazon Marketplace Is the Largest Online Retailer", Marketplace Pulse, 3 dez. 2018.

dúvida, contribui para a rotatividade colossal entre os fornecedores do marketplace da Amazon. De acordo com o ILSR, "a grande maioria de quem começa a vender no site da Amazon quebra em poucos anos".[83]

Em última análise, do ponto de vista do consumidor, todos os aspectos da compra — da embalagem sorridente à camisa também sorridente do entregador — fazem parecer que o produto vem da Amazon. Essa ilusão é parte da razão pela qual o marketplace ficou tão grande:

> "A capacidade da Amazon de esconder o caos da vista dos consumidores do seu marketplace é parte do que fez a empresa decolar logo no início", diz Juozas Kaziukenas, do Marketplace Pulse. Enquanto o eBay é explicitamente um bazar — um conglomerado de muitos vendedores independentes —, a Amazon parece uma varejista tradicional.[84]

Tecnicamente, o vendedor terceirizado "fica com a venda", mas a Amazon recebe todo o reconhecimento e a lealdade da marca, deixando o terceirizado como uma peça oculta da grande máquina, uma peça que paga um pedágio enorme só para entrar no jogo, apesar de todo o alarde que a Amazon faz alegando ajudar as pequenas empresas.

---

83. Stacy Mitchell, Ron Knox & Zach Freed, "Report: Amazon's Monopoly Tollbooth", Institute for Local Self-Reliance, 28 jul. 2020.

84. Josh Dzieza, "Prime and Punishment", *The Verge*, 19 dez. 2018.

INTERLÚDIO 6

AS PEQUENAS EMPRESAS E A POLÍTICA

A pandemia do novo coronavírus é um ótimo estudo de caso sobre que é valorizado pelos diferentes tipos de negócio. Diante de uma crise, a Amazon age de forma reativa, enquanto muitas pequenas empresas são proativas. Especialmente num momento de crise, você prefere que o seu dinheiro seja reativo ou proativo?

Christian Smalls, assistente de processos no centro de distribuição JFK8 da Amazon em Long Island, estava preocupado com a insuficiência das ações da megavarejista para proteger seus funcionários da pandemia de covid-19.[85] Com outros funcionários do mesmo centro, ele começou a pedir medidas de proteção. Não eram exigências ultrajantes: eles queriam acesso a máscaras e desinfetante para as mãos, além de folgas remuneradas nos períodos em que o centro era fechado para desinfecção. Eles alegaram que já havia dez casos confirmados da doença no centro e que

---

85. Sara Ashley O'Brien, "Here's Why Amazon and Instacart Workers Are Striking at a Time When You Need Them Most", *CNN*, 30 mar. 2020.

as reuniões matinais da Amazon e os engarrafamentos na entrada do prédio impossibilitavam o distanciamento social. Smalls organizou uma passeata e, na segunda-feira, 30 de março de 2020, entre 15 e 50 trabalhadores (a depender de quem você perguntar) deixaram o expediente para protestar contra a falta de proteção contra o coronavírus na empresa.

Naquela tarde, Smalls foi demitido. Segundo a Amazon, o motivo foi que ele deveria estar em quarentena por ter tido contato próximo com um colega infectado. O discurso oficial da empresa é de que Smalls foi demitido porque retornou ao centro durante o período de quarentena.

Dias depois, naquela mesma semana, as atas vazadas de uma reunião interna revelaram a existência de planos, encabeçados pela Amazon, para orquestrar uma campanha difamatória contra Smalls. Numa reunião em que Jeff Bezos estava presente, David Zapolsky, o conselheiro-geral da Amazon, repudiou Smalls usando termos implicitamente racistas, ao dizer: "Ele não é inteligente nem articulado, e, se a imprensa resolver se concentrar em nós, e não nele, ficaremos com a imagem pública muito mais fortalecida [ao atacar Smalls] do que se simplesmente explicarmos pela enésima vez as maneiras pelas quais tentamos proteger os trabalhadores". Só para esclarecer: o conselheiro-geral da empresa que era, então, a mais rica do mundo, numa sala cheia de executivos brancos e ricos, atacou a inteligência e a articulação de um funcionário negro de uma camada social mais baixa. Zapolsky acrescentou: "[Devemos] transformá-lo na parte mais interessante da história, e, se possível, no rosto do movimento/sindicato inteiro".[86] Aqui, bem na nossa cara, vemos a Amazon criar um bode expiatório, atacar o autor de

---

86. Paul Blest, "Leaked Amazon Memo Details Plan to Smear Fired Warehouse Organizer: 'He's Not Smart or Articulate'", *Vice*, 2 abr. 2020.

uma denúncia e orquestrar um plano verticalizado para punir os trabalhadores que se organizam com o intuito de defender melhores condições de trabalho. Um funcionário que manifestou preocupações legítimas de segurança, em vez de ser ouvido, é tomado como saco de pancadas para a estratégia de relações públicas da corporação de Bezos.

Enquanto discutiam como fazer de Christian Smalls seu bode expiatório, a Amazon também se rendia, silenciosamente, às suas demandas. Essa é uma estratégia comum de empresas em crise de imagem: recusar-se a admitir a culpa, desviar a responsabilidade para um bode expiatório e, em seguida, implementar mudanças de forma discreta para resolver as condições que causaram a infâmia em primeiro lugar. Em 2 de abril de 2020, o *Verge* informou que os trabalhadores da Amazon receberiam máscaras cirúrgicas para se proteger do coronavírus durante o horário de trabalho.[87] Além disso, eles teriam a temperatura corporal aferida na entrada, e qualquer um com uma temperatura superior a 38 graus seria mandado para casa. Ambas são medidas importantes contra a propagação da pandemia do coronavírus, e ambas chegaram à Amazon não apenas tarde demais como só depois que ela tentou silenciar a voz mais proeminente a favor delas. É mais um exemplo de como a Amazon só faz algo próximo à coisa certa depois de uma tremenda pressão da opinião pública. Nesse, como em muitos outros casos, qualquer bússola moral que a megavarejista possa ter se mexe apenas quando a publicidade negativa paira ao redor. Ainda assim, muitos dizem que não foi o suficiente, e que as condições de trabalho no centro de distribuição durante a pandemia permaneceram perigosas. As passea-

---

87. Russell Brandom, "After Walkouts, Amazon Pledges Temperature Checks and Masks in All Warehouses", *The Verge*, 2 abr. 2020.

tas continuaram. O movimento criado por Christian Smalls cresceu. Os casos de covid-19 aumentaram em muitos centros de distribuição. As declarações da empresa sobre a segurança dos seus armazéns em meio à pandemia foram nebulosas e enganosas. Uma greve geral irrompeu no dia 1º de maio nas instalações da Amazon por todo o país, mas de pouco adiantou para mudar sua disposição de proteger os funcionários.

O início da pandemia do coronavírus foi um momento de tremenda tensão para todos os negócios. Sim, até para a Amazon, que estava de prontidão para aumentar seus lucros à medida que mais pessoas compravam na internet. A empresa abandonou rapidamente sua promessa de entrega no dia seguinte para os assinantes do Prime, empurrando as entregas de produtos "não essenciais" para semanas ou até mesmo meses à frente. O que seria considerado "essencial", é claro, não foi explicado aos clientes de forma transparente.

A pandemia foi especialmente difícil para os restaurantes. Para mim, todo o período inicial da pandemia foi preenchido com episódios que parecem pungentes, em retrospecto. Um deles se deu num sábado de manhã, em meados de março, no Ladybird Diner, uma lanchonete moderna e aconchegante gerida pela minha amiga Meg. Fica em frente à livraria, do outro lado da rua. Meg sempre se preocupou com a comunidade: ela tem, por exemplo, livros de autores locais disponíveis no balcão, e permite que os políticos da região usem o salão para eventos gratuitos durante a campanha eleitoral. Eu tomava café da manhã no Ladybird com minha esposa e meu filho numa manhã de sábado. A pandemia estava se aproximando. O restaurante estava cheio.

Muito cheio. Havia frascos de desinfetante caseiro para as mãos em cada mesa. Meg e eu conversamos rapidamente nos intervalos entre as suas muitas tarefas. Ela estava preocupada com a lotação do restaurante, e eu estava preocupado com o evento de um autor realizado na semana anterior, que tinha reunido 450 pessoas num auditório mal ventilado. Em poucos dias, o governador fecharia o atendimento presencial em todos os restaurantes. Eu não sabia na época, mas aquela manhã no Ladybird foi a minha única refeição fora de casa durante meses.

A Raven se adaptou — já havíamos consolidado as vendas pela internet, de modo que implantar um modelo de retirada e entrega não foi tão difícil para nós como foi para outros. Estranhamente, a decisão nebulosa da Amazon de priorizar os produtos "essenciais" permitiu às livrarias independentes ocuparem algum espaço no mercado. Ao contrário da Amazon, não lucramos com a pandemia, mas a chance de, ao menos dessa vez, enviar livros mais rápido que ela deu à Raven algum apoio para garantir que estaríamos de pé quando a pandemia acabasse.

Mas a cozinha pequena do Ladybird há muito o impedia de fazer entregas, e agora, ainda por cima, o espaço apertado impossibilitava qualquer distanciamento social entre os cozinheiros. Meg enfrentava uma tragédia para o seu negócio, talvez pior do que quando um incêndio fechou o restaurante por meses logo após a inauguração.

A reação de Meg à crise foi descobrir como beneficiar a comunidade da melhor forma possível nessas circunstâncias difíceis. Ela não amaldiçoou o destino dos restaurantes, não implorou por piedade, não perdeu tempo se lamuriando ou xingando o destino. Diante do fechamento do seu negócio por tempo indeterminado, Meg implementou rapidamente um programa de almoços gratuitos, no qual ela e alguns de seus funcionários vestiam máscaras e luvas para preparar centenas de refeições grátis. Diariamente, das onze ao meio-dia, montanhas de sacolas pardas eram levadas ao pátio do Ladybird e distribuídas sem nenhum custo para quem precisasse. Devido às consequências econômicas do vírus, muita gente precisava.

Enquanto a Amazon lucrava com uma pandemia e contratava espiões famosos para monitorar seus trabalhadores, Meg desistiu da ideia de lucro e optou pelo serviço comunitário. Enquanto ela alimentava pessoas necessitadas, a Amazon tentava seguir atuante a todo custo, sem quaisquer regras de segurança, e só implementou medidas de proteção aos trabalhadores após transformar em bode expiatório, com comentários racistas, o funcionário que as reivindicou da forma mais pública. Só existe uma Amazon, e ela mostrou sua verdadeira essência. Mas há milhões de pequenas empresas, e muitas delas acharam jeitos de conciliar a segurança de seus trabalhadores com o atendimento à comunidade num momento de crise. Com quem você prefere gastar seu dinheiro?

CAPÍTULO 6

A AMAZON
E O GOVERNO

Está cada vez mais claro que um grande facilitador está permitindo o tremendo crescimento da Amazon: o governo. Nos Estados Unidos, as gestões em nível local, estadual e federal dão à Amazon, de forma rotineira, exatamente o que ela quer, e o que ela quer geralmente são incentivos fiscais. Governadores, prefeitos, senadores e deputados despacham regularmente *releases* em tom de celebração nos quais saúdam a abertura de armazéns da megavarejista, ignorando o fato de que os empregos nesses armazéns são cansativos e perigosos. A Amazon tem feito incursões deliberadas e calculadas nos mais altos níveis de governo. Ela não pode levar suas pretensões a cabo sem a participação do poder público, que com frequência excessiva se dispõe a aceitar o jogo. Contudo, um movimento antitruste crescente e uma grande investigação do Congresso podem representar uma mudança de rumo na forma como o governo vê a monopolização das grandes empresas de tecnologia.

Em 7 de setembro de 2017, a Amazon anunciou que estava em busca de um local para sediar sua segunda sede, a HQ2,[88] e aceitaria propostas de cidades interessadas. Sedentas por bons empregos e publicidade positiva, as cidades começaram

---

88. Elizabeth Weise, "Amazon HQ2 Timeline: The Winners Are New York City and Arlington, Virginia", *USA Today*, 14 fev. 2019.

a se desdobrar para tentar atrair a atenção de Bezos & companhia. Tuítes, vídeos promocionais e acrobacias publicitárias surgiram de todos os lados. Ergueram-se outdoors. No intervalo de um jogo na sede do Ottawa Senators, a tradicional tela com um medidor de decibéis e a frase "FAÇA BARULHO" foi substituída por uma que dizia "FAÇA BARULHO PARA A AMAZON".[89] Apareceram grafites nos muros prometendo que Calgary, no Canadá, mudaria seu nome para "Calmazon". Nova Jersey planejou alugar um avião com uma faixa que dizia "cometojerseyjeff.com" [vemprajerseyjeff.com].

Claro, além de vídeos e ações publicitárias, os governos municipais mobilizaram promessas de bilhões de dólares em incentivos fiscais para a Amazon. Muito disso foi negociado em segredo. Alguns políticos sequer tiveram acesso à proposta feita pela sua própria cidade. Quando a existência dessas propostas veio a público, boa parte delas foi mantida em segredo, com a alegação de serem confidenciais. O sigilo serviu para esconder uma ponte enorme entre governos e corporações — segundo algumas estimativas, a cada ano, as cidades oferecem mais de noventa bilhões de dólares em incentivos fiscais para atrair corporações, "mais do que o governo federal gasta em habitação, educação ou infraestrutura".[90] Encontrar meios legais de evitar o pagamento de impostos é central para a forma de fazer negócios da Amazon, e um dos seus principais métodos para essa evasão é aceitar acenos dos governos locais. A busca de uma cidade para o HQ2 foi um teste para saber quais municípios mais permitiriam que a megavarejista evitasse pagar sua parte dos impostos sobre os lucros.

---

89. Matt Day, "Cities Crank up Publicity Stunts as Amazon's HQ2 Bid Deadline Arrives", *The Seattle Times*, 20 out. 2017.
90. Louise Matsakis, "Why Amazon's Search for a Second Headquarters Backfired", *Wired*, 14 nov. 2018.

Desde que comecei a militar contra a Amazon, parece que o que mais irrita as pessoas é o fato de que a empresa de Bezos paga muito pouco ou nada em impostos federais. Há uma indignação geral com o fato de uma corporação de trilhões de dólares contribuir tão pouco. Talvez seja porque todos nós pagamos muitos impostos, apesar de não sermos corporações trilionárias. Talvez seja o fato de a Amazon receber tantos subsídios. Não sei, mas isso enfurece as pessoas.

A questão real de saber se a Amazon "paga imposto" ou quanto paga é complicada e, francamente, está muito acima da minha capacidade. De algumas coisas eu sei: a empresa paga muito pouco em impostos federais sobre a renda, aproveitando brechas e o fato de poder operar com prejuízo por muitos anos. Também é sabido, e fácil de entender, que por muitos anos a Amazon não cobrou impostos sobre os pedidos feitos on-line, tendo começado muito recentemente, só em 2017, a de fato taxar as vendas em todos os estados com leis fiscais para o varejo.[91] Mesmo assim, é difícil para mim analisar os meandros que conduzem a uma manchete como "A Amazon não pagou impostos federais sobre 11,2 bilhões de dólares de lucros no ano passado", uma vez que a legislação fiscal é ridiculamente complexa, e a megacorporação de Bezos, dotada de uma capacidade transcendente de manipulá-la. A empresa pode até ficar feliz com o fato de uma pessoa comum não conseguir entender exatamente o que ela faz com os impostos. Ainda assim, as notícias são recheadas de frases como: "Com base em um critério — a comparação entre o lucro sem impostos dos Estados Unidos e a 'provisão atual' da empresa para o imposto de renda — a Amazon ganhou onze bilhões de dólares e teve uma conta fiscal negativa de 129 milhões de dólares em 2018, obtendo, na prática,

---

91. Darla Mercado, "The Holiday Is over: Amazon Will Collect Sales Taxes Nationwide on April 1", *CNBC*, 24 mar. 2017.

um benefício líquido do sistema tributário".[92] A seguinte troca de tuítes, de 2019, pode ser ilustrativa:

> JOE BIDEN Nenhuma empresa que arrecade bilhões de dólares em lucros deve pagar uma proporção de impostos menor do que bombeiros e professores.
>
> AMAZON Pagamos cada centavo que devemos. O Congresso projetou as leis fiscais para incentivar as empresas a reinvestir na economia estadunidense. Nós reinvestimos. [...] Presume-se que a queixa do vice-presidente Biden seja com o código tributário, não com a Amazon.[93]

A Amazon, sem querer, traz à tona um bom argumento aqui: o código tributário estadunidense é muito tolerante com bilionários e suas empresas massivamente lucrativas. Como demonstrado pelas baixas taxas de impostos da megavarejista e a disposição das cidades e dos estados em oferecer ainda mais dinheiro a ela em incentivos fiscais, é muito fácil para empresas como a de Bezos evitarem taxações por governos que permitem e incentivam seu domínio. Em Lawrence, Kansas, um pacote de salgadinho é tributado a uma taxa maior do que um produto da Amazon. Só uma dessas coisas vale mais de um trilhão de dólares, e não são os Doritos.

Ao longo da procura pelo HQ2, enquanto aumentavam os incentivos fiscais prometidos e os orçamentos municipais para o marketing, a Amazon foi absorvendo os dados. Aqui estavam dezenas de cidades — 238, na verdade — entregando livre e voluntariamente quantidades enormes de seus próprios dados. Stacy Mitchell, codiretora do ILSR, foi citada dizendo que "a

---

92. Richard Rubin, "Does Amazon Really Pay No Taxes? Here's the Complicated Answer", *The Wall Street Journal*, 14 jun. 2019.

93. Disponível em: https://twitter.com/amazonnews/status/1139290196422172674.

Amazon tem uma visão superior do que acontece no comércio digital, e agora as cidades a ajudaram, dando-lhe uma visão interna do que acontece em relação ao uso e desenvolvimento da terra nos Estados Unidos como um todo. A Amazon fará um uso prodigioso desses dados nos próximos anos para expandir seu império".[94]

No final, a Amazon selecionou o Queens, em Nova York, e os subúrbios da capital, Washington — o que foi visto por muitos como sinal de uma decisão tomada de antemão. Stacy Mitchell chamou a busca pela nova sede de "um ardil gigante", alegando que "a Amazon está se expandindo nos dois principais centros de poder do país porque pretende cercar, sufocar e usurpar esse poder para si mesma".[95] Dos dois centros de poder selecionados, um a receberia de braços abertos e outro a repeliria.

Dois dias após o anúncio de que o bairro de Long Island City, no Queens, seria a localidade do HQ2, já havia protestos nas ruas.[96] As pessoas protestaram contra o sigilo do acordo, acusando-o de ser um caso de privilégio corporativo. Surgiu uma coalizão ampla, liderada por legisladores progressistas como a deputada Alexandria Ocasio-Cortez, cujo distrito eleitoral abrigaria a nova sede. Após meses de protestos, reuniões na prefeitura, militância ativa e declarações públicas passivo-agressivas da gigante varejista, as coisas chegaram ao ápice em fevereiro de 2019. A Amazon desfez seus planos de se mudar para Nova York.

---

94. Hayley Peterson, "Amazon Gained a Huge Perk from Its HQ2 Contest That's Worth Far More than Any Tax Break", *Business Insider*, 14 dez. 2018.

95. Nathan Bomey, "Was Amazon's Headquarters Search 'a Giant Ruse'? NYC, D.C. Centers of Power Prevail", *USA Today*, 13 nov. 2018.

96. Eli Rosenberg & Reis Thebault, "Amazon Had New York City in the Bag. Then Left-Wing Activists Got Fired up", *The Washington Post*, 14 fev. 2019.

Poucos meses depois, a empresa alugou, na surdina, 31 mil metros quadrados no empreendimento Hudson Yards, em Manhattan, onde planeja empregar 1,5 mil pessoas. Não foram necessários subsídios fiscais para atrair esses empregos. Ocasio-Cortez tuitou uma selfie vitoriosa com a legenda: "Esperando os haters se desculparem depois de economizarmos bilhões do dinheiro público e provarmos que tínhamos razão a respeito da Amazon".[97]

Ao sul, a algumas horas de trem, os planos de construção do HQ2 progrediam em Arlington, Virgínia. Do outro lado do rio, na capital, Washington, uma grande mansão recebia os retoques finais. A mansão não estava sendo preparada para um político, um lobista, um embaixador ou um diplomata.[98] Estava sendo preparada para Jeff Bezos. Só uma coisa pode refrear a expansão e a consolidação aparentemente irrefreáveis do poder da Amazon: o governo dos Estados Unidos, por meio de leis já existentes. Desse modo, Jeff Bezos, sempre jogando na defesa, voltou sua atenção para Washington.

Standard Oil Company, American Tobacco Company, The Great Northern e Northern Pacific Railway Company: houve um tempo remoto em que, se uma única empresa se tornasse poderosa demais, o governo interviria para quebrá-la e preservar a saúde do mercado aberto. Então um livro de Robert Bork, chamado *The Antitrust Paradox* [O paradoxo do antitruste], publicado em 1978, mudou toda a forma como o governo estadunidense via a lei antitruste. Bork, um juiz e pesquisador das leis, foi fundamental para sabotar a interpretação da lei Sherman, a espinha dorsal da legislação antitruste dos Estados

---

97. Kari Paul, "Alexandria Ocasio-Cortez on Amazon's New New York City Offices: I Told You So", *The Guardian*, 7 dez. 2019.

98. Sam Dangremond, "Jeff Bezos Is Renovating the Biggest House in Washington, D.C.?", *Town & Country*, 4 abr. 2019.

Unidos.[99] Em *Monopolized: Life in the Age of Corporate Power*, [Monopolizado: a vida na era do poder corporativo], o advogado antimonopólio David Dayen escreve:

> Em vez de um mecanismo de fiscalização para combater o poder do mercado, a lei Sherman não constituía nada além de uma salvaguarda para o "bem-estar do consumidor". Para Bork, o bem-estar do consumidor queria dizer, na prática, preços mais baixos.[100]

Essencialmente, segundo as ideias de Bork, a *única* medida de bem-estar do consumidor são os preços baixos. Nada que uma empresa possa fazer, não importa quão covarde ou disruptivo, é digno de escrutínio pela lei Sherman se as práticas dessa empresa permitirem que ela reduza os preços. As megafusões e consolidações — motivo para uma medida imediata do governo na Era Progressista[101] — não causariam mais alarme, graças à transição que passou a priorizar os preços baixos. As ideias de Bork foram bem recebidas por um belo ator que virou político chamado Ronald Reagan. Como Dayen escreve, "o resto é história". Pode-se, naturalmente, argumentar que muitas das ações da Amazon, desde os empregos perigosos e mal pagos até a dizimação das economias locais, são ruins para os consumidores. Mas, para Bork, o arquiteto do pensamento antitruste dos últimos cinquenta anos, a capacidade de comprar uma cópia de *Um lugar bem longe daqui* com 75% de desconto é a única medida para o bem-estar do consumidor. Segundo essa lógica, não há

---

99. Formulada pelo senador John Sherman em 1890, a lei visava regulamentar a competição entre empresas e diversas atividades comerciais. [N.T.]

100. David Dayen, *op. cit.*, p. 6.

101. Período entre 1896 a 1916, em que movimentos sociais militaram por reformas amplas no sistema político estadunidense, incluindo a regulação dos monopólios a partir de leis antitruste. [N.E.]

motivo para o governo cogitar uma ação antitruste que segure as rédeas da Amazon.

No entanto, há sinais que mostram que a parede construída por Bork começou a rachar. Um novo movimento antitruste e antimonopólio está renascendo lentamente nos Estados Unidos. É claro que vejo os sinais, uma vez que vendi mais de dez mil cópias de um pequeno panfleto sobre a resistência à Amazon. Mas o movimento de resistência não vem apenas do mundo literário. A pressão para regular os monopólios tecnológicos está aumentando, do Capitólio às melhores faculdades de direito do país.

Lina Khan é uma estrela — ao menos entre os estudantes de direito. Seu artigo "Amazon's Antitrust Paradox" [O paradoxo antitruste da Amazon], que traz um aceno a Robert Bork bem no título, se tornou viral para os padrões de uma revista acadêmica. Quando apareceu no *Yale Law Journal*, o texto a projetou à fama relativa, com aparições na National Public Radio (NPR), no *New York Times* e na revista *The Atlantic*. Agradeço o trabalho sem reservas de Kahn contra a Amazon porque ele preenche lacunas em aspectos sobre os quais não tenho suficiente qualificação. Fico satisfeito em discutir o efeito da Amazon na cultura e nas livrarias enquanto, na *Atlantic*, Khan diz: "Há toda uma linha de crítica sobre a Amazon que é baseada na cultura, em como eles estão destruindo a experiência das livrarias. Eu, pessoalmente, estou menos focada nesse elemento".[102] Ela se concentra, em vez disso, na interpretação da lei antitruste. No resumo de seu artigo, Khan afirma que "o quadro atual do antitruste — especificamente o fato de competir com o 'bem-estar do consumidor', definido pelos efeitos de preços de curto prazo — não é equipado para capturar a arquite-

---

102. Robinson Meyer, "How to Fight Amazon (Before You Turn 29)", *The Atlantic*, jul.-ago. 2018.

tura do poder de mercado na economia moderna". Robert Bork, em outras palavras, não estava preparado para algo como a Amazon. O argumento de Khan é de que precisamos reinventar o pensamento antitruste "restaurando os princípios tradicionais da política antitruste e de concorrência" para lidar melhor com a Amazon.[103]

É impossível mensurar se o sentimento antitruste aumentou nos últimos tempos ou se foi o meu interesse nele que simplesmente despertou, incitado pela irritação. Entretanto, não dá para ignorar alguém como Stacy Mitchell. Codiretora do ILSR, Mitchell acredita que "nenhuma corporação está acima da lei" e que, "se não regulamentarmos a Amazon, estamos efetivamente permitindo que ela nos regule".[104] Mitchell e o ILSR estão fazendo um trabalho importante, que inclui o fomento para fundar a Athena, uma coalizão trabalhista projetada para defender o fim da Amazon. De acordo com David Streitfeld, o relatório de Mitchell, "Amazon's Stranglehold: How the Company's Tightening Grip Is Stifling Competition, Eroding Jobs, and Threatening Communities" [O estrangulamento da Amazon: como o punho apertado da empresa sufoca a concorrência, corrói os empregos e ameaça as comunidades], de 2016, somado ao artigo de Khan, fornece "um roteiro para uma abordagem nova e mais crítica do colosso do comércio eletrônico".[105] Persistente, notável e com voz ativa, Mitchell é otimista com relação a possíveis mudanças a partir da ação antitruste. Streitfeld a cita ao dizer: "Coisas que eram inconcebíveis há alguns anos estão sendo discutidas. O argumento antitruste contra a Amazon está muito mais vivo do que o argumento antitruste contra o

---

103. Lina M. Khan, "Amazon's Antitrust Paradox", *The Yale Law Journal*, v. 126, n. 3, 2017.
104. David Streitfeld, "As Amazon Rises, So Does the Opposition", *The New York Times*, 18 abr. 2020.
105. *Idem*.

Walmart jamais foi. Há uma sensação de que temos de corrigir a desigualdade, ou ela será a ruína do país. Eu odiaria desistir neste momento".

Um lugar para procurar alternativas possíveis é a Europa, onde a megavarejista está se expandindo rapidamente e representa grande parte do mercado de comércio eletrônico. À medida que a Amazon se espalha pelo planeta, a Europa é um lugar no qual uma estratégia semelhante à dos Estados Unidos é aplicada com fidelidade:

> Alguns dos postos avançados da empresa em todo o mundo apresentam seleções limitadas, compostas apenas por produtos digitais que a Amazon consegue vender sem uma infraestrutura física cara, mas as operações europeias são muito parecidas com as dos Estados Unidos: redes de centros de distribuição, legiões de comerciantes terceirizados vendendo seus produtos no site e vendedores associados ao pacote Prime oferecendo entrega de duas horas em mais de vinte cidades europeias.[106]

Se a Amazon pretende replicar o modo como exerce seu domínio nos Estados Unidos, provavelmente a Europa será o primeiro lugar. Alguns europeus também se preocupam com isso: recebi pedidos do zine *How To Resist Amazon and Why* da França, da Inglaterra e da Irlanda.

Mas a chegada da empresa de Bezos à Europa não acontece sem solavancos. No mínimo, podemos esperar que a União Europeia seja o primeiro agente a mover acusações efetivas de truste contra a varejista. As acusações, resultado de uma investigação de dois anos, "decorrem do duplo papel da Amazon como operadora de marketplace e vendedora de seus próprios

---

106. Helene Fouquet & Matt Day, "Amazon Has a Europe Problem: Unions and Regulators Are Circling", *Bloomberg*, 30 abr. 2020.

produtos. [...] Nelas, a União Europeia acusa a Amazon de coletar dados de vendedores terceirizados e usar essas informações para competir contra eles lançando produtos similares, por exemplo".[107] Enquanto o governo dos Estados Unidos há muito vem investigando a Amazon em questões antitruste, as acusações da União Europeia representam os primeiros resultados tangíveis de investigações do tipo.

Outra diferença fundamental entre a Europa e os Estados Unidos é que os sindicatos europeus têm tido mais sucesso em segurar as rédeas da Amazon do que os sindicatos estadunidenses: "Em casa, a Amazon enfrenta sindicatos muito mais fracos do que na Europa, onde a sindicalização gira em torno de 23%, em média, contra 10,3% nos Estados Unidos. Embora a adesão sindical tenha diminuído nas últimas duas décadas na França e na Alemanha, os grupos de trabalhadores ainda podem incomodar ou forçar as empresas a negociar".[108] Isso já desencadeou greves, um aumento da pressão sobre a megavarejista e a suspensão total de suas operações na França. Depois que o governo francês, diante da pressão sindical em prol da segurança dos trabalhadores, decidiu que a Amazon só poderia vender "bens essenciais" durante a pandemia de coronavírus, a empresa respondeu simplesmente com o fechamento dos centros de distribuição franceses.

O governo da França há muito tempo é favorável às pequenas empresas de uma maneira que o governo estadunidense nunca foi. Por exemplo: durante a pandemia de coronavírus, "o governo francês repetidamente pediu aos consumidores isolados em casa que comprassem de pequenas empresas de comér-

---

107. Valentina Pop & Sam Schechner, "Amazon to Face Antitrust Charges From E.U. over Treatment of Third-Party Sellers", *The Wall Street Journal*, 11 jun. 2020.
108. Helene Fouquet & Matt Day, "Amazon Has a Europe Problem: Unions and Regulators Are Circling", *Bloomberg*, 30 abr. 2020.

cio eletrônico em vez da gigante do Vale do Silício".[109] Compare isso às cidades dos Estados Unidos que se estapeavam para oferecer incentivos fiscais, ou ao ex-secretário de imprensa do governo Obama, Jay Carney, que assumiu o cargo proeminente de porta-voz da Amazon. O governo francês também apoiou a indústria nacional do livro, de modo a deixar as livrarias mais preparadas para enfrentar o furacão da empresa de Bezos. A França é um dos treze países europeus cuja legislação regulamenta o desconto máximo sobre o preço dos livros: em grande parte da Europa, a venda de livros na Amazon com mais de 5% de desconto é ilegal, nivelando, assim, as regras do jogo.[110] A prefeitura de Paris inclusive subsidia livrarias independentes. Por causa dessas medidas de proteção, a França tem mais livrarias do que os Estados Unidos, apesar de ter apenas 20% da população estadunidense.[111] Curiosamente, enquanto 62% dos lares estadunidenses têm assinaturas da Amazon Prime, o mesmo acontece em apenas 40% dos lares franceses.[112] As estratégias europeias, desde ações práticas antitruste em prol de sindicatos fortes até políticas que proíbem preços predatórios, representam um caminho possível para conter o poder da Amazon nos Estados Unidos.

Há esperança: enquanto este livro é escrito, ambas as câmaras do Congresso estadunidense têm investigações abertas sobre as práticas comerciais das grandes empresas de tecnologia, incluindo a Amazon. Talvez Jeff Bezos, sempre receptivo à pressão pública, tenha sentido essa ten-

---

109. Helene Fouquet & Matt Day, "Amazon Has a Europe Problem: Unions and Regulators Are Circling", *Bloomberg*, 30 abr. 2020.

110. Porter Anderson, "Fixed Book Prices in Germany: Two New Studies Are Introduced in Berlin", *Publishing Perspectives*, 8 nov. 2019.

111. Emma Jacobs, "France's Indie Bookstores Thrive in the Age of Amazon", *Marketplace* [podcast], 28 jan. 2016.

112. Lucy Koch, "Amazon Dominates EU-5 Ecommerce Market", eMarketer, 29 jan. 2019.

são crescente quando escolheu Arlington, ao lado da capital, Washington, como local para a nova sede. Ou quando comprou o *Washington Post*. Ou aquela mansão — na verdade, a maior residência privada de Washington, com "191 portas (muitas de mogno ou bronze), 25 banheiros, 11 quartos, 5 salas, 5 escadas, 3 cozinhas, 2 bibliotecas/escritórios, 2 salas de exercício, 2 elevadores e um enorme salão de baile".[113] Esse salão de baile é fundamental. Bezos fincou raízes no Capitólio para fazer amizade com legisladores. Legisladores que podem estar atentos ao movimento antitruste nascente ou podem vir a interrogar Bezos em audiências sobre as investigações antitruste das Big Tech. Em "Amazon Empire: The Rise and Reign of Jeff Bezos" [O império da Amazon: ascensão e reinado de Jeff Bezos], Stacy Mitchell diz que a mansão "tem um grande salão de baile. Quero dizer, ela foi projetada para criar a presença real dele na capital do país, onde ele pode circular por entre as pessoas que tomam decisões".[114] Bezos claramente está de olho na capital da nação, que é onde qualquer ação bem-sucedida contra sua empresa precisa se originar.

Há sinais de que a recepção de Jeff Bezos em Washington não será tão calorosa quanto ele espera. Basta lembrar de uma reportagem do *Wall Street Journal*, publicada em abril de 2020, que descobriu que "os funcionários da Amazon usaram dados sobre vendedores independentes na plataforma da empresa para desenvolver produtos concorrentes".[115] Esta, é claro, é a prática que levou às acusações antitruste da União

---

113. Mimi Montgomery, "Here Are the Floor Plans For Jeff Bezos's $23 Million DC Home", *Washingtonian*, 22 abr. 2018.

114. "Amazon Empire: The Rise and Reign of Jeff Bezos", dir. James Jacoby. *In*: *Frontline* (temporada 2020, episódio 12), 18 fev. 2020. Disponível em: https://www.pbs.org/wgbh/frontline/documentary/amazon-empire/.

115. Dana Mattioli, "Amazon Scooped Up Data From Its Own Sellers to Launch Competing Products", *The Wall Street Journal*, 23 abr. 2020.

Europeia. Acontece que a empresa já negou ter feito isso em depoimento ao Congresso. As práticas anticompetitivas são apenas uma das preocupações do Comitê Judiciário da Câmara de Representantes; a outra é que a Amazon mentiu para o Congresso. A resposta do Congresso foi indignada e, mais importante, bipartidária: tanto republicanos quanto democratas reagiram. "O senador Josh Hawley (Partido Republicano, eleito pelo estado de Missouri) pressionou o Departamento de Justiça a abrir um inquérito antitruste criminal contra a empresa", enquanto "democratas no Comitê Judiciário questionaram se a Amazon enganou o Congresso no depoimento juramentado de julho".[116] Poucos dias após o relato bombástico do *Wall Street Journal*, o Comitê Judiciário da Câmara enviou uma carta a Jeff Bezos, obrigando-o a testemunhar acerca das alegações do relatório. A carta, assinada por democratas e republicanos, alegou que:

> Se essas alegações forem verdadeiras, a Amazon explorou seu papel como o maior mercado de venda on-line dos Estados Unidos para se apropriar dos dados comerciais confidenciais de vendedores individuais no marketplace e, em seguida, usou esses dados para competir diretamente com esses vendedores.

Soa como algo que Stacy Mitchell diria. Na verdade, Mitchell comemorou a carta "notadamente bipartidária", escrevendo: "A Amazon muitas vezes age como se estivesse acima da lei. Hoje, o Comitê Judiciário da Câmara de Representantes demonstrou firmemente que não está".[117]

---

116. Dana Mattioli & Ryan Tracy, "Amazon CEO Jeff Bezos Called to Testify before Congress", *The Wall Street Journal*, 1º maio 2020.
117. Jess Del Fiacco & Stacy Mitchell, "Stacy Mitchell's Statement on Jeff Bezos Being Called to Testify before Congress", Institute for Local Self-Reliance, 1º maio 2020.

Sabemos que combater o truste é uma batalha difícil graças ao longo legado de Robert Bork e Ronald Reagan. Ainda assim, a carta do Comitê Judiciário da Câmara fez outras acusações com contornos mais nítidos. Ela diz: "Se a reportagem do *Wall Street Journal* estiver correta, as declarações feitas pela Amazon ao comitê sobre as práticas comerciais da empresa parecem ser enganosas e, possivelmente, constituem perjúrio". Poucos meses depois de se mudar, em vez de enviar convites exclusivos para bailes na sua mansão, Bezos foi convidado a uma festa não muito divertida. Quando o subcomitê antitruste finalmente realizou sua grande audiência com as gigantes de tecnologia, com Jeff Bezos e os CEO de Google, Facebook e Apple, em 30 de julho de 2020, Bezos gaguejou e se esquivou de uma série surpreendentemente firme de perguntas. Muitos observadores concordaram que foi uma audiência do Congresso particularmente dura, que colocou os CEO, incluindo Bezos, na defensiva. Os CEO estavam tão desprevenidos, e o comitê tão preparado, que Franklin Foer escreve que, "por muitas de suas perguntas, os membros do comitê pareciam conhecer o funcionamento interno das empresas melhor do que seus executivos", embora os executivos pudessem facilmente ter escolhido fingir ignorância como estratégia.[118]

Ainda assim, o comitê arrancou o suficiente dos CEO para representar o que poderia ser o início de um capítulo novo e emocionante do esforço antitruste nos Estados Unidos. Na revista *The American Prospect*, David Dayen afirma: "É incrível o que uma pequena evidência e um conjunto de políticos comprometidos podem fazer. E isso eleva o nível, tanto para a capacidade do Congresso de fiscalizar quanto para Washington tomar uma atitude com relação ao poder implacá-

---

118. Franklin Foer, "The Tech Giants Are Dangerous, and Congress Knows It", *The Atlantic*, 29 jul. 2020.

vel das Big Tech".[119] Franklin Foer concordou, dizendo que "o Congresso é criticado tantas vezes por ações de mero embelezamento que parece um grande milagre quando ele de fato faz o seu trabalho. David Cicilline, o democrata de Rhode Island que preside o subcomitê, deu uma aula magna de como identificar um problema e tomar uma atitude". O comitê fortalecido e bem preparado marcou muitos pontos contra CEO inseguros e desajeitados. Por exemplo, uma série de questionamentos sobre a aquisição da empresa Diapers.com fez com que Jeff Bezos basicamente admitisse que os preços predatórios eram parte da estratégia da Amazon; chamou isso de "ideia tradicional". Ele também se recusou a negar que os funcionários da Amazon haviam roubado informações de terceiros para criar produtos concorrentes com a marca da Amazon.

Em suma, David Cicilline, presidente do subcomitê, fez talvez a ação mais contundente até hoje para quebrar essa gigante tecnológica. David Dayen atribui essa nova energia antitruste a um rosto familiar: Lina Khan, a quem Cicilline contratou como advogada do subcomitê. Valeu a pena: os argumentos persuasivos de Khan, que demonstraram a injustiça dessa atuação simultânea da Amazon como plataforma e concorrente, dominaram a audiência. Foi um alívio ver os congressistas, numa cobertura televisionada, com um público enorme, fazerem de forma aberta e consciente as mesmas perguntas que nós, que resistimos à Amazon, fazemos há anos. Numa declaração comovente durante a audiência, Cicilline declarou:

> As evidências que coletamos mostram que a Amazon só está interessada em explorar seu poder de monopólio sobre o mercado de comércio eletrônico para, com isso, expandir e proteger ainda

119. David Dayen, "The Triumphant Return of Congress", *The American Prospect*, 30 jul. 2020.

mais o seu poder. Esta investigação deixa claro que o duplo papel da Amazon, como dona de plataforma e vendedora concorrente nessa mesma plataforma, é fundamentalmente anticompetitivo, e o Congresso precisa agir.

Em outubro de 2020, o subcomitê de Cicilline levou seu relatório a público, e as audiências foram apenas uma prévia do forte argumento que ele apresentaria para instigar uma ação do governo na contenção do monopólio das grandes empresas de tecnologia. Os republicanos do comitê se recusaram a assinar o relatório, distraídos por sua indignação com o suposto viés anticonservador das Big Tech. Também não está claro se as legislaturas vindouras adotarão as recomendações do relatório. Ainda assim, é uma conquista legislativa enorme, um retorno a uma época em que as investigações do Congresso eram vigorosas e produtivas. Mesmo que por pouco tempo, as questões antitruste ganharam destaque nacional em meio à insânia vertiginosa do ciclo de notícias do final de 2020. Grande parte do país prestava atenção quando David Cicilline, na introdução aos relatórios finais, expôs clara e simplesmente que Amazon, Google, Apple e Facebook "exercem seu domínio de maneiras que corroem o empreendedorismo, degradam a privacidade on-line dos estadunidenses e ameaçam a prosperidade da imprensa livre e plural. O resultado é menos inovação, menos opções para os consumidores e uma democracia enfraquecida".[120] A declaração poderia servir de tese para tudo o que foi dito até agora neste livro. De forma ainda mais estimulante para mim, o subcomitê sugeriu que o Congresso agisse para atualizar o padrão da lei antitruste

---

120. Jerrod Nadler & David Cicilline, *Investigation of Competition in Digital Markets: Majority Staff Report and Recommendations*. Washington: Subcommittee on Antitrust, Commercial, and Administrative Law, 2020, p. 7.

pautado na lógica de Robert Bork, segundo a qual o bem-estar do consumidor está associado unicamente aos preços baixos. O relatório "recomenda que o Congresso considere reafirmar a intenção original e os objetivos amplos das leis antitruste, esclarecendo que elas são projetadas para proteger não apenas consumidores, mas também trabalhadores, empresários, empresas independentes, feiras de rua, uma economia justa e os ideais democráticos".[121] Amém.

---

121. Jerrod Nadler & David Cicilline, *op. cit.*, p. 391.

INTERLÚDIO 7

SOBRE OS PRAZERES

Eis apenas algumas das facetas não econômicas e intangíveis que estão em risco se o domínio da Amazon fizer com que mais pequenas empresas desapareçam. Não se trata de um risco altíssimo, é claro. Mas as pessoas perderiam se essas coisas sumissem. Muito do impacto da Amazon é econômico. Mas não apenas.

Nesta tarde, uma cliente — vamos chamá-la de Emily — veio comprar um livro pela segunda vez porque havia emprestado o seu exemplar a uma amiga. Emily não tinha certeza se recuperaria o livro, mas gostou tanto dele que quis ter uma cópia em casa para garantir. Na saída, disse: "Talvez eu também empreste esse e venha aqui de novo". Emily, então, me contou a história de uma indicação literária: um amigo contou a ela que um livro havia sido emprestado de amigo a amigo até chegar nas mãos dele, e ele gostaria de emprestá-lo a ela, pois havia adorado o livro. Ao abri-lo, Emily percebeu que o livro era dela — que ela mesma o havia emprestado a alguém séculos antes. O livro tinha pulado de pessoa em pessoa, e finalmente estava voltando para casa.

Quando as pessoas compram guias de viagem, às vezes perguntamos qual será seu próximo destino. Quanto mais longe, melhor. *Rick Steves' London* sai com frequência, mas hoje vendemos um mapa de papel dobrável do Panamá e uma cópia do *Lonely Planet Egito*.

Hoje Mary me disse que publicou mais uma avaliação na IndieNext List, uma listagem digital de dicas de livros alimentada por livreiros independentes dos Estados Unidos. Ela trabalha aqui há pouco mais de um ano, e acho que é sua quinta avaliação.

Há clientes tão entusiasmados com a capa elegante de um livro previamente encomendado que tiram o plástico ali mesmo, em cima do balcão, para nos mostrar.

Quando volto ao escritório para organizar os pedidos e ouço Chris e Nikita morrendo de rir enquanto desembalam caixas.

Quando eu mesmo estou cuidando das vendas e ofereço a um cliente quatro opções, e ele compra as quatro.

Honestamente, cuidar das vendas eu mesmo é um prazer.

Quando um cliente compra o meu livro e não percebe que eu, o autor, estou atrás do balcão. A cara que fazem quando pergunto se posso autografar!

Ngaio, a gata da loja, gosta de dormir no colo quando o tempo esfria. Ela se senta entre os corredores de ficção e não ficção e encara os clientes que chegam, muitas vezes soltando miados baixinhos. Ela então se vira e caminha em direção ao sofá. Se alguém for atrás dela e se sentar no sofá, no mesmo instante ela vai pular no colo da pessoa, e ficar lá até ser forçada a se mexer. Entrei na área de não ficção inúmeras vezes para ver um cliente feliz imobilizado. Algumas pessoas me lançam um olhar que diz: "Isso é divertido, mas eu tenho um compromisso em dez minutos e eu não quero perturbar essa gatinha preciosa". Eu digo a eles para se levantarem porque, se tentarem tirá-la do colo, não importa o quão dócil e ronronante ela pareça, eles serão mordidos.

Quando os avós trazem crianças pequenas para a loja e dizem sim a cada "Posso ficar com esse livro?".

Quando, no turno de abertura de sábado, a loja está tranquila e os gatos estão comendo, e a luz do sol entra por uma das janelas. Uma manhã ensolarada de sábado é a melhor hora para trabalhar numa livraria. Quando eu ainda trabalhava meio período na Raven e pegava o turno da manhã de sábado, eu costumava sonhar em ser o dono a loja.

Quando alguém entra sabendo exatamente o que quer e encontra. E alguém entra sem saber o que quer e encontra.

Quando alguém entra e vai direto para a seção de poesia, e fica lá por uma hora.

Quando alguém examina as estantes, feliz, por tanto tempo que você até se esquece da presença da pessoa.

Duas pessoas, que não sabem uma da outra, estão lendo a série *A roda do tempo*. Ambas encomendam um livro da série com antecedência, chegam para buscá-lo e na mesma hora encomendam o volume seguinte, como alguém que trama estratégias para dar conta de um prato farto. Estiveram quase empatadas na leitura por um bom tempo, mas agora é Rob quem está na frente. Da última vez que ele chegou, para pegar o 15º livro ou algo assim, tirou da carteira uma ultrassonografia e me mostrou, radiante de orgulho.

Quando Chris vê o responsável pelo parquímetro vindo na nossa direção e grita por mim, me dando tempo suficiente para pegar umas moedas e sair correndo pela porta.

O momento, dez minutos antes de um evento começar, quando você percebe que vai precisar de mais cadeiras.

As pessoas que compram livros da prateleira de indicações dos funcionários.

Uma mulher dirigiu por toda a cidade de Oklahoma para comparecer a um evento nosso, com a autora Karin Slaughter, na biblioteca pública de Topeka. Ela usava uma camiseta que dizia: "FUI MASSACRADA".[122] Eu não estava lá quando ela visitou a loja, mas Nikita me contou depois, quando vim pegar os livros para o evento. Vi a superfã de Slaughter sentada na primeira fileira, 45 minutos antes do evento começar. Fui até ela e perguntei: "Você é de Oklahoma City?", no que ela disse: "*Como* você sabia?".

Quando nosso sistema de vendas trava, ele dá um aviso: "ISSO não pode ser redefinido".

Há talvez duas semanas por ano em que temos o clima certo para deixar a porta aberta. Em qualquer dia dessas semanas, os gatos ficam indiferentes à ideia de correr para fora por um total de vinte minutos. Esses minutos são uma delícia.

Stan e Alice Jo aparecendo depois do almoço. Eles sempre nos contam onde foram almoçar. Hoje em dia, às vezes, Stan sente vontade de ficar no carro, mas ele sempre acena.

Certa vez, Stan e Alice Jo apareceram depois do almoço (comeram no Free State Brewing Company) e trouxeram uma pintura da Raven feita por um artista local. É um close da nossa fachada com um Subaru vermelho estacionado à frente. Sentado em nosso banco está um homem usando um chapéu muito grande. Aquela imagem.

Ilya Kaminsky veio à cidade recentemente para ler sua poesia incrível. No dia seguinte à leitura, levei-o à Universidade do Kansas para a aula da Megan, e depois a Topeka para os eventos da tarde em Washburn. Aquele passeio de carro. Ele ficava tentando me pagar um almoço. "Já comi!", eu dizia. Dez minutos depois, ele disse: "Você tem certeza de que eu não posso te comprar algo para comer?". Ele também ficava perguntando como poderia ajudar a nossa loja. Ele não acreditou em mim quando lhe disse que já tinha ajudado.

---

122. *Slaughter*, em inglês, significa massacre. A camiseta é um trocadilho com o nome da autora. [N.T.]

CAPÍTULO 7

COMO RESISTIR À AMAZON

Esta não é uma tentativa de me livrar da minha concorrente. Sim, eu vendo livros. Sim, a Amazon também vende livros. Sim, a Amazon é a maior ameaça à minha capacidade de continuar vendendo livros. Mas garanto que não é disso que se trata.

Em muitos aspectos, a empresa de Bezos não é minha concorrente de maneira alguma. As livrarias independentes há muito se apoiam no que fazem de melhor para lidar com uma concorrência maior. Funcionou durante o auge das cadeias de megastores, e pode muito bem funcionar durante a era da Amazon. Muita gente na indústria do livro acredita que as livrarias sobreviverão se concentrando em seus pontos fortes e na sua criatividade. Essas pessoas dizem que pensar na Amazon como competição não é nada produtivo. Afinal, uma livraria de 110 metros quadrados com o piso rangendo não joga no mesmo campeonato que uma empresa de trilhões de dólares com uma rede altamente avançada de logística, transporte e computação em nuvem.

Em vez de tentar eliminar qualquer concorrente de negócios, escrevo este livro com o objetivo de fazer o que posso para proteger um modo de vida que valorizo. Um modo de vida que alimentou a mim e a muitos conhecidos. Esse modo de vida carrega consigo a promessa de que alguém com uma boa ideia pode começar seu próprio negócio. Essa pessoa pode prover empregos em sua comunidade, pode se inspirar ao servi-la, pode retribuir, pode estimular que o dinheiro dessa comunidade circule internamente. É um modo de vida em que o time de futebol local tem o nome de um negócio local impresso nas costas da camisa. Em que os leilões beneficentes de instituições e escolas estão absolutamente lotados de cartões de presente doados por empresas locais. Em que clientes são saudados pelo nome quando entram numa loja ou restaurante. Em que os restaurantes podem servir alimentos cultivados num endereço com o mesmo CEP. Não se trata apenas de livrarias. Trata-se de lojas de ferragens e restaurantes e bares e impostos e o meio ambiente e os correios e os sindicatos e a privacidade e o governo e a gestão local. Resistir à Amazon é maior do que as livrarias. Resistir à Amazon é proteger as comunidades.

Desde que pensei em trazer tudo isso para o papel ao produzir a primeira versão do zine *How to Resist Amazon and Why*, optei por falar em "resistência", não em "boicote". Essa escolha é norteada por uma razão simples: é muito difícil boicotar a Amazon. O seu dinheiro é o seu voto, e a Amazon tornou muito difícil que qualquer internauta vote contra ela. Suas empresas de computação em nuvem e serviços digitais significam que qualquer pessoa que acesse a internet com regularidade provavelmente contribua para os lucros da Amazon. Ela ajuda a hospedar plataformas como a Netflix, a hospedar anúncios por toda a internet, e seus links incorporados ocupam as páginas de milhões de sites. Esse parece ser um dos mais rentáveis braços de seus negócios. E é também o que dificulta o boicote. Por exemplo, de acordo com um consultor de computação em nuvem, os dez maiores usuários da Amazon Web Services (AWS) são Netflix, Twitch, LinkedIn, Facebook, Turner Broadcasting, BBC, Baidu, ESPN, Adobe e Twitter; admitiram publicamente o uso da AWS o Departamento de Agricultura dos Estados Unidos, Canon, Expedia, Capital One, *The Guardian*, a Faculdade de

Medicina de Harvard, General Electric, Johnson & Johnson, Lyft, McDonald's, Nasa, Nokia, Pfizer, Reddit, Yelp e Zillow, entre mais de um milhão de outras.[123]

Ainda assim, como eu disse, o seu dinheiro é o seu voto. Embora não faça muita diferença para a Amazon se você optar por comprar um dos livros de Margaret Atwood de uma livraria independente, talvez esse livro possa fazer a diferença entre um dia rentável e um dia não rentável para a livraria independente. Se você está desanimado com a impossibilidade assustadora de evitar a Amazon, pense em como apoiar pequenos negócios locais diante do domínio dela. Gestos que parecem pequenos em comparação com os da Amazon serão enormes para nós. Não vote *contra* eles, vote *em favor das* pequenas empresas. Com isso em mente, apresento a seguir algumas formas de resistir à Amazon.

1. COMPRE NO COMÉRCIO LOCAL

A forma mais importante de resistir à Amazon é pegar o dinheiro que você gastaria no império de Bezos e gastá-lo em pequenas empresas locais e independentes. Isso tem um tremendo impacto nessas empresas e em suas comunidades. Algo entre 50% e 75% do dinheiro gasto nas pequenas empresas locais permanece dentro da comunidade. Essa porcentagem nas compras pela Amazon pode ser muito, muito menor — às vezes zero.

Mas, de novo, isso vai além do dinheiro. Uma rede robusta de pequenas empresas criativas, reativas e orientadas para a comunidade está em oposição direta à visão de mundo da Amazon; na verdade, é o contrário da sua conquista global. Morei em

---

123. Ben Saunders, "Who's Using Amazon Web Services? 2020 Update", *Contino*, 28 jan. 2020.

Cleveland, Ohio, Estados Unidos, e nos meus últimos tempos ali uma explosão de cervejarias artesanais se espalhou pelo centro da cidade. A primeira grande cervejaria nova, a Market Garden Brewery, abriu do outro lado da rua da Great Lakes Brewing Company. A Great Lakes havia sido a única microcervejaria do bairro por décadas — certamente eles estariam assustados com um concorrente grande e novo a alguns metros de distância. Não. O comentário deles na mídia local equivalia à expressão "Quando a maré sobe, todos os barcos sobem".[124] Esse espírito comunitário está ausente em tudo que a Amazon valoriza; seu padrão é comprar as empresas concorrentes, ou simplesmente copiar suas ideias e vendê-las por um preço menor até que o inovador seja forçado a fechar. Por causa dos monopólios tecnológicos, a inovação nas startups estacionou.[125] Enquanto a inovação tecnológica luta sob a sombra das Big Tech, as cervejarias artesanais de pequeno porte, voltadas para a comunidade, impulsionaram uma explosão criativa no ramo. A colaboração e a parceria são exatamente aquilo que a Amazon não representa, e estão no centro dos valores de muitas pequenas empresas.

2. CANCELE A SUA ASSINATURA PRIME, OU MELHOR, A SUA CONTA NA AMAZON

A assinatura Prime facilita muito que você dê dinheiro e dados à Amazon. A entrega grátis em até um dia é um grande incentivo para as pessoas clicarem no botão de compra. É tão grande que a empresa quase certamente perde dinheiro em muitas

---

124. Sam Allard, "Excitement Over Cleveland's Brewery Explosion Has Given Way to Questions of a Brewery Bubble", *Cleveland Scene*, 28 abr. 2020.
125. Olivia Solon, "As Tech Companies Get Richer, Is It 'Game Over' for Startups?", *The Guardian*, 20 out. 2017.

dessas transações. Mas o que ela perde no transporte, ganha em dados: os membros Prime não só compartilham seus hábitos de compra, navegação, escuta e streaming com a empresa mais valiosa do mundo como *pagam* para fazê-lo. Lembre-se do que Rena Foroohar escreve em *Don't Be Evil*: "*As pessoas* são o recurso que está sendo monetizado. Nós achamos que somos os consumidores. Na verdade, somos o produto".[126]

Para cancelar o serviço, faça login na sua conta e selecione "Sua assinatura Prime" no menu suspenso "Contas e Listas". No lado esquerdo da tela, você verá o link "Gerenciar assinatura", com a opção "Atualizar, cancelar e mais"; basta clicar e confirmar que deseja cancelar.[127]

Embora seja muito fácil cancelar sua assinatura Prime, é bem mais difícil cancelar sua conta da Amazon. Mesmo sem uma conta Prime, a empresa ainda pode aproveitar os seus dados desde que você tenha uma conta para fazer compras. Não ter uma conta significa não comprar nenhum produto e, mais importante, não ceder nenhum dado. A Amazon não quer que você exista fora desse sistema sugador de dados, de modo que transformou a exclusão de uma conta numa longa corrida de obstáculos. A página "Cancele sua conta" da Amazon tem avisos longos sobre o que acontece se você cancelar sua conta, mas nenhuma instrução além de "Para cancelar sua conta, entre em contato conosco e solicite que sua conta seja fechada" na parte inferior da página.[128] Até 2020, havia um botão para cancelar sua conta, que era confuso, mas permitia que você fizesse isso através de um processo automatizado. Foi assim que cancelei minha conta. Mas agora é necessário entrar em

---

126. Rana Foroohar, *op. cit.*, p. xvi.
127. Megan Elliott, "How to Cancel Your Amazon Prime Membership", *Showbiz Cheat Sheet*, 17 nov. 2018.
128. "Close Your Account", Amazon. Disponível em: https://www.amazon.com/gp/help/customer/display.html.

contato com ser humano real, e entrar em contato com um humano na Amazon é notadamente difícil.[129]

Eles provavelmente tentarão fazer você repensar sua decisão. Provavelmente não facilitarão as coisas. Mas lembre-se: quando dizem que seu foco é a "obsessão pelo cliente", não é uma obsessão pelo seu bem-estar, é uma obsessão pela melhor forma de usar os seus dados para aumentar os lucros deles.

3. EVITE MARCAS PARCEIRAS DA AMAZON

O primeiro passo para resistir à Amazon é simples e fácil: pare de gastar dinheiro na Amazon.com. Mas, como muitas megacorporações, a Amazon conta com um portfólio cada vez maior de subsidiárias e aquisições. Para resistir a ela, portanto, resista também a gastar dinheiro nessas empresas que ela controla ou que são sua propriedade:

- AbeBooks;
- Audible;
- Goodreads;
- IMDb;
- Ring;
- Twitch;
- *The Washington Post*;
- Whole Foods;
- Zappos.

---

129. Na versão brasileira da Amazon, é possível encerrar a conta na seguinte página: https://www.amazon.com.br/privacy/data-deletion. O processo é rápido, automatizado e inclui a exclusão dos dados do usuário. [N.E.]

Novamente: nesse caso, o boicote é difícil, porque mesmo o ato de visitar um site onde uma dessas empresas tem um anúncio conta, tecnicamente, como contribuição. Mas, ainda assim, há alternativas de pequenas empresas independentes, sobre as quais falarei adiante.

Outra maneira de resistir é evitar os programas de TV e entretenimento produzidos pela Amazon. A seguir, uma pequena seleção de produções de empresas controladas por ela:

- *Belas Maldições*;
- *Jack Ryan*;
- *Maravilhosa Sra. Maisel*;
- *Transparent*;
- *Bosch*;
- *The Grand Tour*;
- *Fleabag*.

Além das séries originais do Amazon Prime Video, como as listadas acima, vários selos editoriais, incluindo Thomas & Mercer Publishing, Lake Union Publishing Company e Little A Publishing são propriedade da Amazon.

4. EM VEZ DE MARCAS FILIADAS À AMAZON, USE ALTERNATIVAS INDEPENDENTES

Felizmente, a Amazon não é a única empresa no ramo dos livros, programas de televisão ou dos outros serviços mencionados acima. A Amazon quer que você pense que eles são a única opção para comprar na internet. Receio o que pode acontecer se a palavra "Amazon" se tornar uma substituta para "compras na internet" da maneira como "Bombril" se tornou um substituto para "esponja de aço". Uma maneira de resistir à Amazon é lembrar que existem outras empresas fazendo tudo o que ela faz. Em vez de empresas controladas pela Amazon, considere apoiar as alternativas abaixo:

- para livros usados ou raros, procure um sebo;
- para livros, compre diretamente de livrarias de rua;
- para obter informações sobre filmes e atores, use a Wikipédia;
- para alimentos orgânicos, compre de uma cooperativa de alimentos local. Melhor ainda, faça parte da cooperativa;
- compre sapatos de uma loja independente local. Muitas delas vendem on-line, caso não haja uma na sua cidade;

Em relação às plataformas de streaming, as coisas são um pouco mais complicadas. A Netflix é uma concorrente do Amazon Prime Video, mas conta com a AWS para gerenciar seu tráfego gigantesco. A Disney Plus também é uma alternativa, mas imagino que muita gente tenha quanto à Disney as mesmas reservas que eu tenho quanto à Amazon.

5. VOCÊ NÃO PRECISA CONECTAR SUA CASA À REDE DE SEGURANÇA INVASORA DE PRIVACIDADE DA AMAZON

Ao longo deste livro, construí o argumento (assim espero) de que o que a Amazon mais quer de você são os seus dados: você não é o cliente deles, é o produto. Espero também ter mostrado que as pessoas precisam pensar duas vezes antes de confiar seus dados à empresa. Muitos desses dados vêm do rastreamento dos hábitos de navegação e compra dos consumidores, algo que você pode evitar resistindo a comprar na gigante de Bezos. Mas uma parte ainda maior desses dados vêm de pessoas que *pagam* voluntariamente para colocar dispositivos de coleta de dados dentro da própria casa. Elas fazem isso comprando as campainhas de segurança Ring e os dispositivos habilitados para a Alexa. Uma das maneiras mais fundamentais de resistir à Amazon é mantê-la fora de nossas casas. Jeff Bezos tem muitas casas extravagantes, incluindo a maior residência privada na capital dos Estados Unidos; ele não precisa controlar ou ter acesso à sua casa também.

6. MILITE

Quando você gasta dinheiro com alguma coisa, essa transação vai além da transação de capital por bens ou serviços — é também um endosso tangível àquele negócio. Ao dar dinheiro a um negócio, queira ou não, você está dizendo a esse negócio que aprova tal modo de fazer as coisas. Uma maneira de resistir à Amazon, além de, claro, não comprar deles, é dar dinheiro a empresas cujas práticas são melhores que as dessa megacorporação. Um pouco de pesquisa pode ajudá-lo a encontrar empresas com trabalhadores sindicalizados, bons salários e que trabalham para reduzir seu impacto no meio ambiente. Essa é uma forma de ativismo que você pode praticar todos os dias. Dá para chamar de militância de carteira.

Há também a militância mais tradicional. Você pode escrever a seus governantes pedindo que apoiem as investigações antitruste da Amazon e das outras grandes empresas de tecnologia. As formas tradicionais de coalizão e organização contra a Amazon também escalaram nos últimos anos. Nos Estados Unidos, a Athena, por exemplo, é uma coalizão liderada pelo Institute for Local Self-Reliance com o objetivo de conter o poder e os abusos da Amazon. Você nem precisa ir a uma reunião: seguir grupos como a Athena nas redes sociais ou se inscrever em suas listas de e-mail é um pequeno passo para resistir à Amazon.

As redes sociais também tornaram mais fácil prestar solidariedade aos trabalhadores da megavarejista de Bezos que estão tentando gerar a mudança a partir de dentro. Gente como Christian Smalls, que defendeu medidas de segurança contra o coronavírus, ou grupos como o Amazon Workers For Climate Justice [Trabalhadores da Amazon pela justiça climática] podem levar suas pautas diretamente a você por meio das redes sociais. E você, por sua vez, pode ampliá-las. É mais fácil do que nunca se solidarizar com esses trabalhadores, e, embora a Amazon tente silenciá-los ou demiti-los, eles não serão silenciados, especialmente se conseguirem a atenção que merecem nas redes sociais.

Posso dizer aqui que a indústria do livro está longe de ser perfeita em muitos desses aspectos. O mercado editorial não está acima das críticas aos maus-tratos contra os trabalhadores. Muitas vezes, a visão romântica de trabalhar com livros é usada como uma maneira de manipular os trabalhadores para aceitar menos dinheiro e benefícios. A lógica é: como eles têm tanta *sorte* de trabalhar com *livros*, deveriam ficar felizes em receber salários mais baixos. Eu tento reconhecer e sentir a alegria de trabalhar nesse negócio (e ainda há alegria) sem usá-la para forçar as pessoas a trabalhar por menos do que merecem.

Não é difícil imaginar que, se a empresa responsável por metade de todas as vendas de livros reduzir os preços e exigir descontos mais agressivos dos editores, menos dinheiro fluirá para a indústria do livro. Também não é difícil deduzir que menos dinheiro fluindo para a indústria significa menos dinheiro para pagar os trabalhadores, e raramente são os executivos que sofrem quando os salários precisam ser reduzidos. As pessoas que sentem seus salários serem espremidos são sempre os trabalhadores na base da pirâmide, que estão começando na área. Se a venda de livros a preços mais baixos pela Amazon se traduzir em menos dinheiro para as editoras pagarem um salário digno a seus funcionários, isso é um problema. Se os salários de CEO incham enquanto os estagiários ficam sem renda, isso é um problema. Parte da razão pela qual entrei para o quadro de diretores da Midwest Independent Booksellers Association em 2019 foi para defender os funcionários em começo de carreira na indústria do livro. Parte da razão pela qual escrevi este livro é para lutar por uma indústria do livro que celebre a alegria dos livros *e* pague um salário decente a cada um de seus trabalhadores, não importa o cargo ou experiência. Nossa indústria precisa ser forte o suficiente para não deixar a Amazon ditar o modo de fazer negócios. Nossa indústria não deve, a qualquer custo, aceitar as dicas da Amazon de como tratar seus trabalhadores.

Uma maneira de ajudar a lutar por essa indústria de livros igualitária *e* alegre é votar com o seu dinheiro. Sempre que decidir apoiar o negócio dos livros, você pode apoiar livrarias e editoras que valorizam seus trabalhadores. Elas estão por aí, e deveriam ser muitas mais. Um dos fatores que impedem que haja mais editoras e livrarias pagando aos seus trabalhadores o que merecem, na minha opinião, é a Amazon. Ela é, de longe, a empresa com a maior influência na indústria do livro. Também é a empresa que mais trabalha para desvalorizar o livro. Um raciocínio lógico simples leva à conclusão de que a Amazon está trabalhando para fazer menos dinheiro fluir para a indústria do livro. Quando menos dinheiro flui para qualquer indústria, os primeiros a sofrer são os que integram a base da pirâmide. Ao desvalorizar o livro, a Amazon também desvaloriza as pessoas que trabalham com livros.

7. SONHE COM UM JOGO JUSTO

Um mundo onde a Amazon segue as regras do jogo é possível. Um mundo onde pequenas empresas são robustas, criativas e estão em todos os lugares é possível. Um mundo onde podemos confiar nossos dados às grandes empresas de tecnologia é possível. Um mundo onde uma empresa não tem mais uma corda no pescoço de todo o resto do mercado editorial é possível. Um mundo onde os bilionários e suas empresas incrivelmente lucrativas pagam sua parte justa de impostos é possível. Ora, um mundo sem bilionários é possível. Um futuro controlado pela Amazon não é um fato. Muitas coisas precisam acontecer para criar esse futuro. A ação do governo é necessária, mas não subestime o poder da ação individual em prol do coletivo.

CONCLUSÃO

Então, qual é o grande problema? A Amazon é só uma empresa. Grandes empresas existiram antes e existirão no futuro. A morte da pequena empresa também já foi declarada muitas vezes, supostamente assassinada por todos, desde o surgimento dos shoppings até o Walmart. No entanto, a pequena empresa persiste. Muitas manchetes até afirmam que as livrarias independentes estão vivendo um renascimento. Então por que precisamos resistir à Amazon?

Eu diria que a Amazon é, na verdade, diferente de qualquer grande empresa que a antecedeu. Mesmo que esteja usando velhos truques, nenhuma empresa fez tanto numa escala tão grande. Nenhuma empresa jamais foi a espinha dorsal da computação em nuvem de grande parte da internet *e* construiu uma rede privada de segurança conectada a milhares de delegacias de polícia *e* criou o maior mercado on-line do mundo *e* construiu sua própria rede de entregas do zero *e*, *e...* A lista continua. A Amazon faz muito, e de forma incansável. Ao longo do caminho, ela se transformou numa das empresas mais valiosas do planeta. Mas a questão das empresas de sucesso é a seguinte: o sucesso delas faz com que outras empresas queiram imitá-las. Se deixarmos a gigante de Bezos seguir adiante, ela vai reescrever as regras outra vez, simplesmente porque outras empresas tentarão copiar o seu modelo. Se as regras forem reescritas tendo a Amazon como padrão de sucesso, muita gente ficará de fora.

Os trabalhadores de armazéns ficarão de fora. Os sindicatos ficarão de fora. Empregados terceirizados que correm risco de lesões e de morte por uma empresa que nem os considera funcionários de verdade ficarão de fora. Pequenas empresas ficarão de fora. Até a ideia das lojas físicas ficará de fora, o que mudaria para sempre a paisagem das nossas cidades. Quem tenta minimizar o impacto ambiental da cadeia logística ficará de fora. Permitir que a Amazon reescreva as regras da economia será catastrófico para os trabalhadores, o planeta e a concorrência da empresa.

Para que você não pense que estou exagerando (ou simplesmente atacando um concorrente em favor do meu negócio), eu gostaria de lembrá-lo de que, seguidamente, a Amazon mostrou que suas ambições são globais (ou até maiores que globais). Pelo que pude observar e pesquisar para escrever este livro, não me parece que eles estejam satisfeitos em dar um bom lucro aos seus acionistas. Pelo contrário: parece que querem reinventar a vigilância doméstica. Parece que querem construir um substituto para os correios dos Estados Unidos. Parece que eles não querem ser o maior mercado on-line; querem ser o *único* mercado on-line. Na *Atlantic*, Franklin Foer conclui que Jeff Bezos

> assume papéis antes reservados ao Estado. Sua empresa tornou-se a estrutura nacional comum; ela molda o futuro do ambiente de trabalho com seus robôs, vai povoar os céus com seus drones; seu site determina quais indústrias prosperam e quais tombam. Seus investimentos em viagens espaciais podem remodelar a atmosfera. A incapacidade do sistema político de pensar sobre o problema de seu poderio, quem dirá de averiguá-lo, garante a permanência dele a longo prazo. Ele é obcecado pela distância temporal porque sabe que ela pertence a ele.[130]

---

130. Franklin Foer, "Jeff Bezos's Master Plan", *The Atlantic*, nov. 2019.

A luta para resistir à Amazon é em vão? Não tenho certeza disso, mas não vou cair sem lutar.

Depois que postei minha carta a Jeff Bezos no Twitter, alguém respondeu me chamando de ingênuo, dizendo que os ferreiros lamentaram a chegada do Modelo T de Henry Ford, que os fabricantes de máquinas de escrever reclamaram da chegada do computador pessoal da IBM.

Tenho duas respostas a tal acusação. Primeiro, pergunto se a Amazon realmente representa o progresso. A consolidação e o poder corporativo sem precedentes equivalem de verdade a um futuro melhor? O computador IBM foi uma ferramenta revolucionária que possibilitou a democratização do conhecimento humano. Por outro lado, a expansão descontrolada da Amazon ameaça de muitas maneiras a democracia. Vá lá: eles estão construindo sua própria infraestrutura de transporte, rede de vigilância e sistema judicial. Portanto, antes que alguém me acuse de tentar atrapalhar o progresso, pare um minuto para avaliar o que o progresso de fato é ou pode ser. Queremos um futuro no qual os bilionários, pela simples virtude da sua riqueza, recebam o poder de governar?

Meu segundo pensamento é o seguinte: o ferreiro é bom no seu trabalho. Ele serve a sua comunidade. Ele encontrou uma maneira de ganhar a vida com uma habilidade útil. Quem esperaria que o ferreiro suportasse em silêncio uma ameaça à sua subsistência? Esperamos que ele não proteste contra o Modelo T? Devemos aceitar de forma automática o Modelo T e todas as crenças do seu inventor problemático? Será que o ferreiro ignora as implicações perigosas do modo de fazer as coisas do Modelo T? Mesmo que ele não possa vencer a briga, quem pediria ao ferreiro para ficar calado? Eu posso ser apenas o dono de uma pequena livraria no interior dos Estados Unidos tentando argumentar contra o homem mais rico do mundo, mas isso não significa que eu vou assistir em silêncio ao homem mais rico do mundo coletar dinheiro, influência e poder de forma implacável.

Acredito num futuro em que os trabalhadores sejam bem remunerados e tenham poder sobre suas circunstâncias e ambientes. Acredito num futuro em que as pequenas empresas sejam colaboradoras vitais para suas comunidades. Acredito num futuro em que o comércio leve em conta seu impacto ambiental. Acredito num futuro em que o governo seja regido pela vontade de seus cidadãos, não pelos interesses comerciais dos mais ricos. E acredito que a Amazon está trabalhando para corromper esse futuro.

APÊNDICE

PARA SABER MAIS

Este livro foi pensado para ser uma introdução às questões políticas, trabalhistas e de privacidade relacionadas à Amazon. Está longe de ser completo, e há muito mais para ser dito. O primeiro rascunho foi finalizado em maio de 2020, e as coisas podem mudar muito rápido, então tenho certeza de que muito aconteceu desde que enviei esse texto para o pessoal da Microcosm. Ou seja: se você está interessado em resistir à Amazon, comece com este livro, mas siga em frente com os verdadeiros especialistas.

Fiz questão de situar este livro na minha perspectiva de dono de livraria. Não sou um jornalista investigativo nem tentei me transformar em repórter para escrever isso aqui. Felizmente, muitos bons jornalistas investigativos mergulharam com muito mais profundidade nas questões de que tratei. A seguir, há uma lista das fontes que usei na redação deste livro, bem como lugares onde você pode encontrar investigações mais minuciosas sobre tais questões.

PRÁTICAS ANTICOMPETITIVAS

Alexandra Berzon, Shane Shifflett & Justin Scheck, "Amazon Has Ceded Control of Its Site. The Result: Thousands of Banned, Unsafe or Mislabeled Products", *The Wall Street Journal*, 23 ago. 2019.
A investigação do *Wall Street Journal* analisa os perigos dos produtos falsificados na Amazon, mas também mostra de forma clara como a megavarejista manipula clientes e vendedores com seu modelo de negócios duplo, no qual é plataforma e concorrente.

Dana Mattioli, "Amazon Scooped Up Data From Its Own Sellers to Launch Competing Products", *The Wall Street Journal*, 4 abr. 2020.
Esta é a investigação que fez com que Jeff Bezos fosse convocado a testemunhar no Capitólio. A reportagem mostra como a empresa dele roubou ideias de vendedores em suas plataformas para criar produtos com sua própria marca. Executivos da Amazon juraram perante o Congresso não ter feito nada do tipo. As evidências dessa investigação sugerem o contrário.

DIREITO ANTITRUSTE

Lina M. Khan, "Amazon's Antitrust Paradox", *The Yale Law Journal*, v. 126, n. 3, 2017.
Este é o artigo que estimulou um incipiente movimento antitruste e conduziu sua jovem autora às páginas da *Atlantic*. O artigo de Khan traça a clara necessidade de repensar a interpretação da lei antitruste diante de uma empresa como a Amazon.

Stacy Mitchell & Olivia Lavecchia, "Report: Amazon's Stranglehold: How the Company's Tightening Grip on the Economy Is Stifling Competition, Eroding Jobs, and Threatening Communities", Institute for Local Self-Reliance, 29 nov. 2016.
O relatório de Stacy Mitchell, citado no perfil de David Streitfeld no *New York Times* (cuja leitura vale a pena), descreve claramente os argumentos do ILSR contra a Amazon. O instituto e Mitchell são duas vozes contundentes na luta contra o domínio da gigante de Bezos.

David Dayen, *Monopolized: Life in the Age of Corporate Power*. Nova York: The New Press, 2020.
O livro de Dayen trata do poder corporativo a partir de estudos de caso, numa abordagem inovadora que chama a atenção para o custo humano da consolidação e do poder das empresas. Sua tese é que, para além da Amazon, os monopólios maculam cada pedaço da vida e dos negócios estadunidenses.

Matt Stoller, *Goliath*. Nova York: Simon & Schuster, 2019.
Goliath, de Matt Stoller, é a história de uma ação de antitruste nos Estados Unidos. É uma visão útil sobre um momento em que o governo não se viu impedido de controlar o poder de empresas excessivamente grandes.

PRÁTICAS TRABALHISTAS

Brad Stone, *The Everything Store: Jeff Bezos and the Age of Amazon*. Nova York: Back Bay/Little, Brown and Company, 2013. [Ed. bras.: *A loja de tudo: Jeff Bezos e a era da Amazon*. Trad. Andrea Gottlieb. Rio de Janeiro: Intrínseca, 2014.]
O livro de Stone é a única biografia de Jeff Bezos e traz uma visão valiosa da mente do fundador da Amazon.

Emily Guendelsberger, *On the Clock: What Low-Wage Work Did to Me and How It Drives America Insane*. Nova York: Back Bay Books/Little, Brown and Company, 2020.
Além de ser a narrativa mais completa que encontrei sobre o trabalho dentro da Amazon, o livro de Guendelsberger é um estudo fundamental sobre como o trabalho mal remunerado afeta a mente, o corpo e a vida de uma pessoa.

Will Evans, "Behind the Smiles: Amazon's Internal Injury Records Expose the True Toll of Its Relentless Drive for Speed", *Reveal*, 25 nov. 2019.
A reportagem da *Reveal* sobre os índices de acidente da Amazon — cuja publicação, exemplo de timing perfeito, foi calculada para coincidir com a Black Friday de 2019 — ajuda a desmistificar a ideia de que o trabalho no armazém da Amazon seja tão cansativo quanto qualquer outro emprego similar. Na verdade, é bem mais perigoso. A *Reveal* foi finalista do Prêmio Pulitzer por este trabalho.

PRIVACIDADE

Shoshana Zuboff, *The Age of Surveillance Capitalism: The Fight for a Human Future at the New Frontier of Power*. Nova York: Public Affairs, 2020. [Ed. bras.: *A era do capitalismo de vigilância: a luta por um futuro humano na nova fronteira do poder*. Trad. George Schlesinger. Rio de Janeiro: Intrínseca, 2021.]
Ninguém se aprofundou tanto no custo da obsessão das Big Tech por dados do que Zuboff neste livro monumental.

"Amazon Empire: The Rise and Reign of Jeff Bezos", dir. James Jacoby. In: *Frontline* (temporada 2020, episódio 12), 18 fev. 2020.
Esse episódio da série *Frontline* é inestimável por seu rápido resumo de todos os problemas que englobam o domínio da Amazon, mas, para mim, a parte mais assustadora foi o hackeamento da câmera de segurança doméstica conectada à Ring.

Rana Foroohar, *Don't Be Evil: How Big Tech Betrayed Its Founding Principles — and All of Us*. Nova York: Currency, 2019.
O livro de Foroohar é uma investigação útil de muitas questões em torno do crescimento explosivo das grandes empresas de tecnologia, cujas intenções nobres, ela argumenta, foram rapidamente abandonadas.

ENTREGAS

Devin Leonard, *Neither Snow nor Rain: a History of the United States Postal Service*. Nova York: Grove Press, 2017.
A história dos correios dos Estados Unidos contada por Leonard explica a resiliência e a importância da empresa, bem como, nos últimos anos, a forma como a Amazon a manipulou e traiu com falsas promessas.

Joe Allen, *The Package King: a Rank-and-File History of UPS*. Chicago: Haymarket Books, 2020.
Essa nova história sindical da UPS inclui uma discussão sobre o efeito da Amazon em mais um pilar da rede global de logística.

■■■■■ Caroline O'Donovan & Ken Bensinger, "Amazon's Next-Day Delivery Has Brought Chaos and Carnage to America's Street — But the World's Biggest Retailer Has a System to Escape the Blame", *BuzzFeed News*, 6 set. 2019.
Essa investigação sobre as entregas da Amazon é chocante, bem narrada e fundamental.

Parte do desafio de escrever este livro é a rapidez com que tudo muda. As redes sociais são essenciais para acompanhar as mudanças e uma maneira valiosa de se conectar diretamente com os ativistas e funcionários da Amazon que trabalham para melhorar as coisas.

AGRADECIMENTOS

Uma parte deste livro apareceu no site *Literary Hub* com o título: "Será que a Amazon estrangulou minhas vendas depois que eu a critiquei no *New York Times*?". Vários dos interlúdios apareceram pela primeira vez, de diferentes formas, como partes dos boletins informativos digitais *Quoth The Raven*.

Agradeço aos livreiros da Raven por trazerem tanta alegria ao trabalho, e por inspirarem a criação da imagem do que uma livraria pode ser: Chris, Francis, Hannah, Kami, Kelly, Lily, Mary, Nancy, Nikita e Sarah. Agradeço a Ben Cartwright em Spokane e a Suzanne DeGeatano no Mac's Backs por me incentivarem, cada um à sua maneira, a transformar minha defesa virtual anti-Amazon em algo impresso. Obrigado ao PBR Writers' Club (Julia, Rachel, Chance, Maggie, Will, Jon e Althea) por ler partes deste livro, e também ajudar a colar os zines quando ainda fazíamos as coisas desse jeito. Agradeço ao Joe na Microcosm por botar fé na versão original deste projeto, em formato de zine, e me incentivar a escrever esta versão. E agradeço a Elly e Lydia e a todos os outros da Microcosm por fazerem um trabalho tão incrível com este livro e com todos os outros. Por fim, agradeço a Kara e Jack por me apoiarem de um milhão de maneiras.

Foto: Divulgação

DANNY CAINE é dono da Raven Book Store em Lawrence, Kansas, Estados Unidos. Autor dos livros de poesia *Continental Breakfast*, *El Dorado Freddy's* e *Flavortown*, Caine foi tema de reportagens no jornal *The New York Times* e na revista *The New Yorker*, e apontado como livreiro do ano pela Midwest Independent Booksellers Association em 2019. Dentro e fora da internet, é um defensor apaixonado das livrarias de rua independentes. Poemas, zines e outros textos de sua autoria estão disponíveis em dannycaine.com.

© Editora Elefante, 2023
© Danny Caine, 2023

Título original:
How To Resist Amazon and Why: The Fight for Local Economics, Data Privacy, Fair Labor, Independent Bookstores, and a People-Powered Future
Microcosm Publishing, 2021

Primeira edição, julho de 2023
São Paulo, Brasil

Dados Internacionais de Catalogação na Publicação (CIP)
Angélica Ilacqua CRB-8/7057

Caine, Danny
Como resistir à Amazon e por quê: a luta por economias locais,
  proteção de dados, trabalho justo, livrarias independentes
  e um futuro impulsionado por pessoas / Danny Caine; tradução de Joana de Conti. — São Paulo: Elefante, 2023.
  184 p.

ISBN 978-85-93115-95-0

Título original: How to Resist Amazon and Why: The Fight for
Local Economics, Data Privacy, Fair Labor, Independent Bookstores, and a People-Powered Future

1. Amazon.com (Firma) 2. Pequenas e médias empresas
3. Negócios I. Título II. Conti, Joana de

23-2552   CDD 381.142

Índices para catálogo sistemático:
1. Amazon.com (Firma)

elefante

editoraelefante.com.br   Aline Tieme [comercial]
contato@editoraelefante.com.br   Katlen Rodrigues [mídia]
fb.com/editoraelefante   Leandro Melito [redes]
@editoraelefante   Samanta Marinho [financeiro]

FONTES Acumin, Cardea, Titling Gothic & Vindange Pro
PAPÉIS Cartão 250 g/m^2 & Pólen bold 90 g/m^2
IMPRESSÃO BMF Gráfica